AF151178

Das Gewicht

der Welt

in meinen

Worten

Andrea Benesch

Bibliografische Information der Deutschen Nationalbibliothek: Die Deutsche Nationalbibliothek verzeichnet diese Publikation in der Deutschen Nationalbibliografie; detaillierte bibliografische Daten sind im Internet über dnb.dnb.de abrufbar.

Herstellung und Verlag: BoD – Books on Demand, Norderstedt

Coverdesign
inspirited books Grafikdesign

Illustrationen
Manyfacts by Buecherwurmlettering

Korrektorat
Jacqueline Luft, Lektorat Silbenglanz

ISBN
978-3-734726-79-8

Triggerwarnung

Einige Gedichte in diesem Buch behandeln möglicherweise triggernde Themen, darunter Mobbing, psychische, physische und verbale Gewalt, Stalking, Tod und Traumaerscheinungen.

Bei manchen Menschen können diese Themen negative Reaktionen auslösen. Bitte sei achtsam, wenn das bei dir der Fall ist.

Solltest du von einem der genannten Themen direkt betroffen sein und Hilfe brauchen, wende dich bitte an eine der folgenden Stellen:

Mobbing

„Mobbing-Hilfetelefon"   **0800 0 116 016**

„Nummer gegen Kummer"   **116 111**
für Kinder und Jugendliche
für Eltern Betroffener   **0800 111 0 550**

Stalking

Hilfetelefon, Gewalt gegen Frauen   **0800 0 116 016**

Der Weiße Ring
https://weisser-ring.de/praevention/tipps/stalking

Zudem gibt es sowohl für Mobbing als auch für Stalking Betroffene mittlerweile in allen Bundesländern Beratungsstellen.

Vorwort

Wenn ihr diese Worte lest, bedeutet das, dass ich wirklich mittlerweile neun Gedichtbände geschrieben habe – das fühlt sich für mich immer noch unwirklich an. *Das Gewicht der Welt in meinen Worten* ist, wie bereits sein Vorgänger, sehr stark vom aktuellen Tagesgeschehen beeinflusst. In diesem Buch findet ihr eine Sammlung von Gedichten, die bis Ende 2022 geschrieben wurden – daher ist der Krieg in der Ukraine auch hier präsent ebenso wie die Aufstände im Iran. Das als kleine Vorwarnung.

Abgesehen davon geht es aber, wie immer, um Themen, die mich beschäftigen und bewegen. Dinge aus meiner Vergangenheit, die mich nicht loslassen wollen, Gedanken, Gefühle, Ängste und Unsicherheiten, Wünsche, Träume und Hoffnungen. Ein bunter Mix, ganz wie ihr es von mir gewohnt seid.

Allerdings muss ich euch auch gestehen, dass dieser Band etwas härter daherkommt als manch anderer. Ich weiß nicht, warum, aber irgendetwas hat Dinge zum Vorschein gebracht, die ich bislang ziemlich gut verdrängt hatte.

Bitte beachtet die Triggerwarnung!

Sollte dies euer erster Gedichtband von mir sein, dann erlaubt mir bitte eine kleine Warnung: Ihr haltet hier ein Stück meiner Seele in der Hand. Ich bringe in meinen Gedichten meine Emotionen relativ ungefiltert zu Papier und es kann vorkommen, dass ihr euch selbst in diesen Zeilen wiederfindet. Lasst euch davon nicht abschrecken, sondern bitte, nehmt es an. Das ist es, was ich erreichen will, ich möchte, dass ihr euch selbst in meinen Gedichtbänden begegnet und vielleicht dadurch erkennt, dass ihr nicht allein seid.

Wie immer habe ich auch dieses Mal die Songs notiert, die mich inspiriert oder auch nur begleitet haben. Ihr findet sie unter jedem Gedicht und am Ende des Buches die vollständige Liste als Soundtrack samt QR-Code zur YouTube-Playlist.

Und jetzt wünsche euch wundervolle Lesestunden mit meinen Gedichten und hoffe, dass sie euch gefallen, berühren und vielleicht sogar umarmen.

Eure

Andrea

Das Gewicht

der Welt

in meinen

Worten

INSEL

Manchmal bin ich so unbeschreiblich müde.
Es fühlt sich an, als könnte ich ewig schlafen.
Egal, wie früh ich ins Bett gehe,
es reicht einfach nicht.
Ich bin und bleibe müde.

Es ist so frustrierend.
Ich nehme mir so viel fürs Wochenende vor,
will so vieles erledigen,
dass die Woche über liegen blieb
oder zu kurz kam,
will mir etwas gönnen,
aber dann komme ich zu nichts davon,
weil ich stattdessen so früh schlafen gehe.

Sind wir dazu verdammt,
dass sich unser Leben nur um Arbeit und Schlaf dreht?
Muss zwangsläufig alles andere zurückstecken?
Oder ist das nur eine Phase,
die bald vorbeigehen wird?

Manchmal ist es wirklich zum Kotzen,
erwachsen zu sein,
Verantwortung zu tragen,

Verpflichtungen zu haben,
ständig irgendwelche Aufgaben erledigen zu müssen.
Es heißt, »man wächst an seinen Aufgaben«,
ganz ehrlich, wäre das wahr,
wäre ich längst fünf Meter groß.

Überall reden alle von Work-Life-Balance,
aber das ist mit Geld einfach leichter zu erzielen,
als dann, wenn man auf jeden Euro achten muss.
Ihr habt leicht reden von wegen
Stunden reduzieren,
mehr *Me-Time*,
die eigenen Bedürfnisse an erste Stelle stellen.
Würde ich gern, geht aber nicht.

Ich denke, es ist wichtig,
sich kleine Inseln zu schaffen.
Ja, wir können uns nicht einfach eine Auszeit
vom Erwachsensein nehmen,
wir müssen Geld verdienen,
für uns selbst aufkommen,
»den Laden am Laufen halten«.
Aber wenn unser Leben aus nichts anderem
als Arbeit und Schlafen besteht,
ist es nur eine Frage der Zeit, bevor wir ausbrennen.
Und dann kommt gar kein Geld mehr rein.

Es ist nicht leicht, erwachsen zu sein.
Es ist manchmal sogar verflucht hart.
Aber andererseits haben wir auch die Freiheit,
uns unsere kleinen Inseln zu schaffen.
Sei es ein Spielfilm am Abend,
ein paar Kapitel in einem Buch,
ein kleines Ritual, auf das wir uns freuen können
und das uns weitermachen lässt,
auch wenn wir manchmal
am liebsten alles hinwerfen würden.

Ich weiß, manchmal ist man einfach nur so müde,
so müde wie nie zuvor.
Aber diese Zeit geht vorbei,
ich weiß es ganz sicher.
Gib deinem Körper, was er gerade braucht,
und wenn das überstanden ist,
nimm dir, was deine Seele braucht.

Erwachsensein ist nicht leicht
und oft genug macht es keinen Spaß,
aber es muss auch nicht nur aus Stress bestehen.
Schaffe dir deine kleine Insel
und genieße deinen täglichen Kurzurlaub,
bevor du es zu weit treibst
und es vielleicht kein Zurück mehr gibt.

ZAYN feat. Sia – Dusk till dawn

Ich denke,
es ist wichtig,
sich kleine

Inseln

zu schaffen.

Manyfacts by Buechernurmlettering

SEHN*sucht*

Es ist faszinierend und gruselig,
wie uns manche Dinge unser Leben lang verfolgen.
Bei mir haben die lebenslange Ablehnung
durch andere
und Mobbing
dazu geführt,
dass ich mich schrecklich nach Zuneigung
und Wertschätzung sehne.

Immer wenn ich etwas erreicht habe
und mir selbst auf die Schulter klopfen will,
wenn ich mich selbst feiern sollte,
schaue ich mich um
und versuche herauszufinden,
ob es jemand mitbekommen hat –
denn nur wenn andere mich loben,
habe ich das Gefühl, etwas wert zu sein.
Nur dann kann ich glauben,
dass ich vielleicht wirklich etwas gut gemacht habe –
so schwer es mir auch fällt,
ein Lob zu glauben.

Diese Sehnsucht nach Zuneigung
hat bei mir dazu geführt,
dass ich dazu neige,
Menschen zu viele Chancen zu geben.
Egal, wie oft sie mich auch
beiläufig runtergemacht haben,
ich suche nach Ausreden für sie –
nicht um ihretwillen,
sondern weil ich es nicht wahrhaben will,
dass ich wieder in diese Falle getappt bin.
Dass ich wieder um Zuneigung
und Anerkennung gebettelt habe.

Ich weiß, es ist erbärmlich,
und ich wünschte,
ich könnte damit aufhören,
aber dieses Bedürfnis ist so stark in mir verwurzelt,
dass es mich wahrscheinlich für immer begleiten wird.
Meine Vergangenheit hat mich geprägt,
so wie dich die deine geprägt hat.

Ich versuche, daran zu arbeiten.
Ich versuche, mir
meinen eigenen Wert bewusstzumachen.
Ich tue alles, damit ich endlich verstehe,
dass ein Krümelchen Zuneigung,
nicht eine Wagenladung Gemeinheiten wert ist.

Dass jemand, der mir wehtut,
in meinem Leben nichts zu suchen hat,
selbst dann, wenn mir als halbherzige Entschuldigung
auch mal ein Kompliment gemacht wird.
Ich verdiene mehr als das.

Logisch betrachtet weiß ich das auch,
aber dieser eine Teil von mir,
der, der von der Vergangenheit beherrscht wird,
der tut sich noch immer schwer damit.
Ich gebe nicht auf.
Ich will mich verändern.
Ich will diese Sehnsucht endlich ablegen.
Ich will mehr.
Und ich werde es bekommen,
irgendwann.

Moncrieff – Warm

HUMOR

Humor ist gut und wichtig.
Er schafft es, uns in dunklen Zeiten aufzumuntern,
uns durchhalten zu lassen,
auch wenn wir gern aufgeben möchten.
Manchmal spricht aus ihm der Mut der Verzweiflung
oder Galgenhumor,
andere Male ist es ein Tanz auf der Rasierklinge.

Humor ist einer der Grundpfeiler der Menschheit.
Aber immer wieder gehen einige
in seinem Namen viel zu weit.
Ja, es gibt Grenzen, auch für den Humor.
Es muss sie geben,
denn über manche Dinge macht man keine Witze.

Manche Themen erfordern viel Fingerspitzengefühl
und eignen sich nicht für humoristische Sprüche.
Beachtet man das nicht, werden Menschen verletzt.
Humor soll uns zum Lachen bringen,
uns von unseren Sorgen ablenken,
ein bisschen Licht in die Welt zaubern.
Aber einem anderen seelischen Schmerz zuzufügen
ist einfach nicht lustig.

Viel zu oft verstecken sich Menschen
hinter dem Schutzschild des Humors.
Wenn man nicht drüber lacht
oder sie sogar kritisiert,
dann heißt es immer nur
»ist wohl zu hoch für dich«
oder »du hast halt keinen Humor«.

Nur weil ich finde,
dass auch Humor seine Grenzen hat,
heißt das noch lange nicht,
dass ich gute Witze nicht auch zu schätzen weiß
oder gar humorlos bin.

Es gibt so viele verschiedene Formen des Humors
und niemand muss alle mögen.
Aber alle sollten gemeinsam mit uns darum kämpfen,
dass manche Themen ernst bleiben,
einfach weil ihr Inhalt nicht zum Lachen ist
und die Folgen mancher Dinge
lebenslänglich sein können.

Humor ist einer der Grundpfeiler unserer Existenz.
Er ist ungemein wichtig für unsere geistige Gesundheit.
Aber es muss Grenzen geben.
Als ich klein war, gab es den Ausspruch
»bis einer weint«
und das sollte auch die Grenze für den Humor werden.

Schließlich soll er uns unterhalten,
uns zum Lachen bringen,
uns die Realität und deren Härte,
für einen Moment vergessen lassen.
Und das geht nicht,
wenn er gleichzeitig selbst blutige Wunden schlägt.

Black Eyed Peas – Where is the love?

Danke

Danke, dass du mich so liebst, wie ich bin.
Danke, dass du mich nicht verändern willst.
Danke, dass du nicht ständig an mir herummäkelst.
Danke, dass du meine Makel süß
und meine Fehler sympathisch findest.

Danke, dass du an mich glaubst.
Danke, dass du meine Wünsche immer respektierst.
Danke, dass du nicht versuchst, mich zu verbiegen.
Danke, dass du meine Träume
wie deine eigenen verfolgst.

Danke, dass du meine Fehlschläge
nicht ständig wieder aufwärmst.
Danke, dass du manchmal einfach mit mir schweigst.
Danke, dass du mich an meinen dunklen Tagen
nicht alleinlässt.
Danke, dass du mich erträgst,
auch wenn es niemand sonst tut.

Danke, dass du mit mir zusammen träumst.
Danke, dass du keine Bedingungen stellst.

Danke, dass du mich verstehst.
Danke, dass du dich nicht daran störst,
dass ich anders bin.

Danke, dass du meine Grenzen respektierst.
Danke, dass du mich nicht zwingst,
eine andere zu sein.
Danke, dass du mit mir lachst und nicht über mich.
Danke, dass du du bist
und mich ich sein lässt.

Max Giesinger – Immer, wenn wir uns sehn

STILLE

Seit wann sind wir so still?
Weißt du es?
Seit wann haben wir uns nichts mehr zu sagen?
Wie lange schon schweigen wir uns an?
Wie lange fressen wir bereits alles in uns hinein,
anstatt miteinander zu reden?
Wie lange vermeiden wir schon auszusprechen,
was wir beide denken?

Früher konnten wir uns stundenlang unterhalten.
Wir haben geredet und geredet,
Thema um Thema,
und auch nach Stunden wurde uns nicht langweilig.
Wir haben uns ausgetauscht,
unsere Meinung gesagt,
uns Geheimnisse und Träume anvertraut.
Wann hat sich das geändert?

Ich weiß nicht,
wann ich angefangen habe,
meine Gedanken und Gefühle für mich zu behalten.
Ich weiß nicht mehr,
wann dieses Wissen verschwunden ist,
dass ich dir immer alles erzählen kann,

ohne Angst haben zu müssen,
verurteilt oder ausgelacht zu werden.
Ich kann den Finger nicht drauf legen,
ich weiß nur,
dass es heute nicht mehr so ist,
wie es damals war.

So oft öffne ich den Mund und will etwas sagen,
will ein Gespräch anfangen,
endlich aussprechen, was schon so lange in mir gärt.
Aber ich kneife jedes Mal.
Ich habe Angst vor deiner Reaktion.
Aber wenn ich ehrlich bin,
habe ich noch mehr Angst davor,
dass von dir vielleicht gar keine Reaktion kommt.
Dass es dir egal ist.
Dass ich dir egal bin.

Sag mir, wann haben wir uns verloren?
Wann haben wir die Stille gewählt?
Wann sind wir verstummt?
Und schweigst du aus denselben Gründen wie ich?

Gibt es noch eine Rettung für uns?
Oder ist der Abgrund des Schweigens zu breit,
um ihn überwinden zu können?
Haben wir noch eine Chance?
Oder sind die Hemmungen zu groß geworden?

Lass uns laut sein.
Lass uns streiten,
lass uns schreien!
Egal, Hauptsache wir tun etwas gegen dieses Schweigen,
gegen diese Stille,
die uns langsam, aber sicher zu ersticken droht.
Lass uns etwas tun,
solange wir uns noch an früher erinnern können,
bevor früher
von all den negativen Gefühlen überlagert wird,
die bereits am Horizont lauern.
Lass uns jetzt handeln,
bevor es nichts mehr zu retten gibt.
Oder haben wir diesen Moment bereits verpasst?
Sag mir,
was denkst du?

Lotte – Gewinner

Schweigen

Wir schweigen.
Sitzen nebeneinander auf dem Sofa,
starren auf unsere Handys
und schweigen.
Keiner sagt ein Wort.
Wir haben uns nichts mehr zu sagen,
leben nebeneinanderher,
getrennt und doch zusammen.
Zusammen und trotzdem getrennt.

Unsere Handys sind wichtiger als wir.
Wir finden immer neue Ausreden.
Erfinden Gründe,
warum wir nicht miteinander reden können,
müssen,
werden.
So kann es doch nicht weitergehen.

Lass es uns besser machen.
Lass uns unsere Handys weglegen
und einfach mal zusammen sein.
Lass uns reden,
lass uns flüstern,

lass uns schweigen,
weil wir einander in die Augen
und die Seelen schauen.
Lass es uns endlich besser machen.
Meinst du nicht, es wird Zeit?

Haben wir es nicht verdient,
uns noch eine Chance zu geben?
Sind wir nicht besser als das?
Als dieses Schweigen?
Leg dein Handy weg und ich tue es auch.
Lass uns alles besser machen.
Lass uns wieder wir sein.
Was sagst du?

SDP – Kurz für immer bleiben

Ich

Warum ist es so schwer, ich zu sein?
Warum kann es nicht einfach mal einfach sein?
Warum kriege ich diese Stimme
nicht aus meinem Kopf,
die mir ständig erzählt,
was mit mir nicht stimmt?
Die mir alle meine Fehler
immer und immer wieder vorwirft?
Wird ihr das nicht irgendwann einmal langweilig?

Hat diese Stimme, ihr ständiges Gemecker
nicht irgendwann satt?
Diese ewige Negativität?
Ist es nicht endlich mal genug?

Warum sehe ich im Spiegel nur,
was falsch an mir ist?
Warum sehe ich ausnahmslos Kritikpunkte?
Warum kann mir nicht wenigstens eine Sache
an mir gefallen?

Ich bin so müde.
Es ist so anstrengend,
ständig diesem Ideal hinterherzuhecheln,

wohlwissend,
dass ich es doch niemals erreichen werde.

Warum streben wir es an,
genauso zu sein wie alle anderen?
Warum wollen wir Einheitsbrei sein?
Warum reicht es nicht, einfach wir zu sein?
Warum kann ich denn nicht genug sein?
Warum bin ich nicht gut genug,
wenn ich ich bin?
Warum soll ich wie sie sein müssen?

Ich will nicht wie alle anderen sein.
Ich will nicht in der Masse untergehen
und eine von vielen sein.
Ich will besonders sein.

Ich will mich nicht mehr falsch fühlen.
Ich will nicht mehr das Gefühl haben,
dass etwas mit mir nicht stimmt,
nur weil ich diesen blöden Normen
und Vorstellungen nicht entspreche.

Ich will die Regeln brechen.
Ich will stolz darauf sein,
wer ich bin.

Ich will selbstbewusst davon erzählen,
was ich tue,
und nicht ängstlich verstecken,
was mir am Herzen liegt.

Ich weiß, dass ich damit nicht allein bin.
Ich weiß, dass sich auch andere so fühlen.
Aber wenn so viele nicht dazugehören,
wie kann es dann sein,
dass es immer noch
diese für uns so falschen Normen gibt?

Wie kann es sein,
dass sich so viele ausgeschlossen fühlen?
Warum kann man nicht auch dazugehören,
weil man nicht dazugehört?
Warum kann die neue Norm nicht sein,
einfach man selbst zu sein?

Ich bin ich.
Und ich will stolz darauf sein, wie ich bin.
Ich will den Kopf hoch erhoben halten
und nicht immer auf meine Füße starren.
Ich will dazu stehen, wie ich bin,
zu all meinen verrückten Eigenarten,
weil sie mich interessant machen.
Zu all meinen Macken,
weil sie mich besonders machen.

Zu all meinen Wünschen und Träumen,
weil sie mich antreiben,
ganz egal,
was alle anderen sagen.

Ich will zu mir selbst stehen
und endlich auch in meinem tiefsten Inneren begreifen,
was mein Kopf schon lange weiß:
Es ist okay, ich zu sein.
Denn so wie ich bin,
bin ich richtig
und gut
und besonders
und genug.

SDP – Unikat

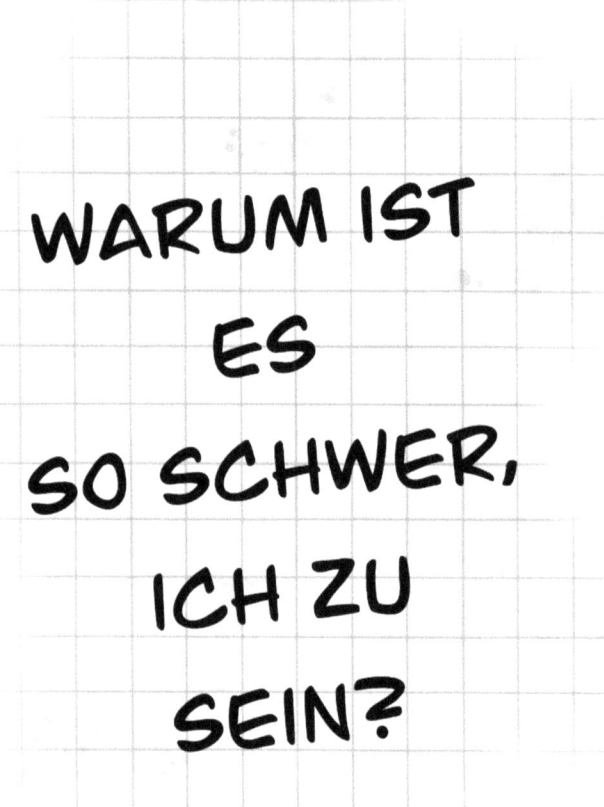

WARUM IST
ES
SO SCHWER,
ICH ZU
SEIN?

Manyfacts by Buechernwurmlettering

SELBST*zweifel*

Ich hasse es,
dass ich ständig an mir selbst zweifle.
Dass ich nicht einfach an mich selbst
und meine Meinung glauben kann.
Dass ich mich immer verunsichern lasse
und zurückrudern will,
aus Angst, falschzuliegen,
mich lächerlich zu machen,
vorgeführt zu werden.

Ich habe Angst, mich selbst
und meinen Verstand zu überschätzen,
nicht klug genug zu sein,
nicht gebildet
oder weltgewandt
oder informiert genug.

Ich hasse es,
ständig an meinen Worten
und Aussagen zu zweifeln,
davor zu zittern,
anzuecken,
Gegenwind zu spüren.

Warum bin ich so unsicher?
Warum kann ich meine Meinung
nicht nachhaltig vertreten?
Warum kann ich nicht die Argumente anderer
einfach als das sehen, was sie sind?
Argumente,
keine Tatsachen.

Warum habe ich die ganze Zeit Angst,
dass ein Schiedsrichter irgendwo hervorspringt
und verkündet,
dass ich dumm sei?

Und warum habe ich das Gefühl,
dass ein großer Teil davon
auf einen Satz vor über 13 Jahren zurückzuführen ist?
Ein Satz, der wehgetan hat,
aber nicht nur wegen der Worte
oder deren Bedeutung,
sondern vor allem wegen der Person,
die sie ausgesprochen hat.

Warum beschäftigt mich das
nach all den Jahren immer noch?
Warum hat es mich so nachhaltig beeinflusst?
Mich so tief verletzt,
dass die Wunde bis heute nicht verheilt ist?

Und warum fühle ich mich deswegen
so unzulänglich und schwach?
Gefühle, die mich mich selbst verachten lassen.

Warum schaffe ich es nicht,
das alles einfach zu verarbeiten?
Es hinter mir zu lassen,
zu vergessen,
vielleicht sogar zu vergeben.
Warum kann ich das nicht?

Warum bin ich mein eigener schärfster Kritiker?
Warum kann ich mir selbst gegenüber
nicht nachsichtiger sein?
Warum gehe ich immer automatisch davon aus,
dass mit mir etwas nicht stimmt?
Dass ich etwas falsch verstanden haben muss,
auf dem falschen Dampfer bin
und Unsinn geredet habe?
Warum kann ich nicht auf meiner Meinung beharren?
Warum verlangt mein Instinkt von mir immer,
dass ich mich selbst hinterfrage?

Ich habe meine Meinung gesagt,
versucht, sie zu verteidigen – so gut ich kann.
270 Menschen stimmen mir zu,
aber einer widerspricht
und einer macht sich über mich lustig.

Warum zählen für mich die 270 nicht mehr
als diese zwei?
Warum schreit mich mein Instinkt an,
den Kommentar zu löschen?
Warum will ich mir die Decke über den Kopf ziehen
und mich verstecken?
Warum kann ich damit nicht umgehen?

Warum ist meine Angst noch immer so groß,
Fehler zu machen?
Im Unrecht zu sein?
Warum klammere ich mich an diesen Ängsten fest
wie an einen Rettungsring auf dem Meer?
Warum schaffe ich es nicht,
sie endlich hinter mir zu lassen?
Denkst du, ich werde das jemals können?

Floor Jansen – Unikat

SCHREIBEN

Das Schreiben ist für mich Therapie.
Ich weiß nicht, wo ich jetzt wäre,
hätten mich damals nicht die Worte gefunden.
Ich weiß nicht,
ob ich heute überhaupt noch irgendwo wäre.

Ich trage so viel Schmerz in mir,
dass es sich manchmal anfühlt,
als würde ich daran ersticken.
Als quetschte er mir die Brust zusammen
oder erwürgte mich.
Manchmal wird es mir einfach zu viel
und es fällt mir so schwer, Luft zu holen,
zu atmen,
dass ich beinahe freiwillig
in dieses dunkle Loch springe,
aus dem ich vor so vielen Jahren
fast nicht mehr herausgefunden hätte.

Aber das Schreiben lässt den Druck ab.
Der Schmerz sickert aus mir heraus
wie Wasser,
das aus einer Badewanne abgelassen wird.
Das Schreiben lässt mich atmen.

Manchmal denke ich mir,
wissend,
dass meine Zeilen nicht
in einer Schublade verschwinden,
sondern zwischen Buchdeckeln landen werden:
»Nein, das kannst du nicht schreiben!«
»Das ist viel zu persönlich!«
Aber was ist Schreiben, wenn nicht persönlich?
Jedes Wort kommt aus den Tiefen meiner Seele,
enthält einen Tropfen meines Schmerzes
und ist so ein Teil von mir.
Persönlicher geht es nicht.

Ja, manchmal habe ich Angst,
das alles mit der Welt zu teilen.
Manchmal fürchte ich mich davor,
wie man mich dadurch wohl wahrnimmt.
Schwach?
Ängstlich?
Bemitleidenswert?
Jämmerlich?
Undankbar?

Ich habe Angst,
wieder angefeindet
und verachtet zu werden.
Aber gleichzeitig kann ich auch nicht anders,
weil meine Worte in die Welt hinauszuschicken

auch bedeutet,
all jenen eine Stimme zu geben,
die bis heute aus denselben Gründen schweigen.
Ihr seid nicht allein,
denn ich teile euren Schmerz
mit jedem einzelnen Wort.

Sleeping at Last – Saturn

ICH-*Tag*

Manchmal wird mir einfach alles zu viel.
Zu viele Nachrichten,
zu viele E-Mails,
zu viel Druck,
zu viel Stress.

Deadlines,
Termine,
Anrufe,
Ziele,
Wünsche,
Instagram,
Facebook,
Erwartungen,
Selbstzweifel,
Ängste.

Immer erreichbar,
immer verfügbar,
immer up to date sein,
jedem Trend folgen,
vorne mit dabei sein,

folgen,
linken,
posten.

Perfekte Fotos,
tolle Texte,
Arbeit,
Arbeit,
Arbeit.

Manchmal wird mir einfach alles zu viel
und dann will ich einfach nur noch sagen:
Welt, du kannst mich mal!

Aber ich tue es nicht.
Ich bleibe im Trott,
weiter wie gewohnt.

Aber ab und an
setze ich auch mal mich an erste Stelle.
Gönne mir einen Tag Auszeit,
einen Tag Ich-Zeit.
Tue nur Dinge, die mir guttun,
die ich auch tun will und nicht bloß tun muss.

Weil ich es verdient habe,
auch mal an mich zu denken.

Weil ich auch wichtig bin
und nicht nur die To-do-Liste.
Ich bin dann mal offline,
ihr hört morgen wieder von mir.
Weil heute Ich-Tag ist.
Morgen kommt schnell genug.

Johannes Oerding – Flugmodus

Weil ich es *verdient* habe, auch mal an mich zu denken.

Manyfacts by Buechernwurmlettering

BESITZ

Du sagst,
ich bin dein Ein und Alles.
Du sagst,
für dich gibt es nichts Wichtigeres als mich.
Du sagst,
niemand wird mich je so lieben wie du.
Du sagst,
ich gehöre dir.

Du sagst,
niemand wird mich je so verstehen wie du.
Du sagst,
nie wird mich jemand so beschützen wie du.
Du sagst,
ich bin deine Welt.
Du sagst,
ich bin dein Besitz.

Du sagst,
du lässt mich niemals gehen.
Du sagst,
du wirst mich nie verlieren.

Du sagst,
du findest mich überall.
Du sagst,
ich gehöre dir.

Du sagst,
ohne mich willst du nicht mehr sein.
Du sagst,
ich bin dein Leben.
Du sagst,
du willst doch nur mein Bestes.
Du sagst,
ich bin dein Besitz.

Du sagst,
alle anderen nutzen mich nur aus.
Du sagst,
ohne mich bist du nichts.
Du sagst,
ohne dich kann ich nichts.
Du sagst,
ich gehöre dir.

Du sagst,
kein anderer als du findet mich schön.
Du sagst,
nur du siehst mich so, wie ich bin.

Du sagst,
du weißt, was gut für mich ist.
Du sagst,
ich bin dein Besitz.

Du sagst,
ich darf nicht ohne dich nach draußen gehen.
Du sagst,
ich darf dich nie verlassen.
Du sagst,
ich darf meine Zeit nicht mit anderen verbringen.
Du sagst,
ich gehöre dir.

Aber ich gehöre dir nicht.
Ich bin nicht dein Besitz.
Ich gehöre nur mir.
Hörst du, was ich sage?

Ich gehöre dir NICHT.
Ich bin NICHT dein Besitz.

Ich gehöre dir NICHT.
Ich bin NICHT dein Besitz.

Ich gehöre dir NICHT.
Ich bin NICHT dein Besitz.

Ich gehöre dir NICHT.
Ich bin NICHT dein Besitz.

Ich gehöre dir NICHT.
Ich bin NICHT dein Besitz.

Hast du es jetzt endlich verstanden?

Lotte – Nur mir

ICH *und du*

Es bricht mir jedes Mal das Herz,
dich weinen zu sehen.
Es tut mir weh und ich wünschte,
ich könnte dich vor der Welt beschützen,
dich in mir einschließen,
dich bewahren
und behalten.

Ich trage dich in meinem Herzen.
Ich kämpfe für dich.
Ich töte deine Drachen.
Ich halte deine Hand.
Ich klebe Pflaster auf dein Herz.

Ich trockne deine Tränen.
Ich bin dein Bollwerk gegen die Welt.
Ich halte dich, wenn du dich einsam fühlst.
Ich bin da, wann immer du mich brauchst.

Ich richte dir ein Zimmer ein
in meinem Herzen.
Es ist sicher und warm dort.

Ich beschütze dich vor allen,
die dich verletzen wollen.
Ich schlage deine Schlachten.
Ich verjage deine Monster.
Damit du nie, nie mehr traurig sein musst.

Elif – Unter meiner Haut

ICH *mag nicht...*

Ich mag nicht,
wer ich bin, wenn ich bei dir bin.
Ich mag nicht,
was du aus mir gemacht hast.
Ich mag nicht,
dass ich es nicht schaffe,
mir keine Vorwürfe zu machen,
weil ich nicht früher gegangen bin.

Ich mag nicht,
dass ich bis heute
deine Spuren auf meinem Körper sehe,
wenn ich in den Spiegel schaue.
Ich mag nicht,
wer ich durch dich geworden bin.
Ich mag nicht,
dass du mich klein gemacht hast.

Ich mag nicht,
dass ich durch dich schwach geworden bin.
Ich mag nicht,
dass ich deinetwegen gelernt habe,
was echte Angst ist.

Ich mag nicht,
dass ich jetzt weiß,
wie sich Gewalt anfühlt.

Ich mag nicht,
wie ich auf all das reagiert habe.
Ich mag nicht,
dass ich so viel Zeit damit verbracht habe,
Ausreden für dich zu finden,
obwohl ich es doch eigentlich besser wusste.
Ich mag nicht,
dass ich die Schuld bei mir gesucht habe
und manchmal noch heute suche.

Ich mag nicht,
dass ich mich selbst nicht mehr mag.
Ich mag nicht,
dass die, die ich vor dir war,
so unerreichbar weit weg zu sein scheint.
Ich mag nicht,
dass es bis heute wehtut.

Ich mag nicht,
dass ich dich jede Nacht in meinen Albträumen sehe.
Ich mag nicht,
dass meine Schatten alle aussehen wie du.
Ich mag nicht,
dass ich noch heute deine Schritte hinter mir höre.

Ich mag nicht,
dass ich immer noch deine Hände
und deinen Atem
auf meinem Körper spüre.
Ich mag nicht,
dass ich dich nicht loswerden kann,
egal, wie weit ich renne,
weil ein Teil von dir jetzt in mir wohnt.
Ich mag nicht,
wie sehr du mich verändert hast.

Ich mag nicht,
dass mich das, was war,
nie ganz verlassen wird.
Ich mag nicht,
dass du noch immer so viel Macht über mich hast.
Ich mag nicht,
dass es so viel gibt, das ich nicht mag.

Ich mag nicht,
dass ich mich je auf dich eingelassen habe.
Ich mag nicht,
dass ich nicht früher erkannt habe, was du bist.
Ich mag nicht,
dass ich so blind war.

Ich mag nicht,
dass ich so dumm war.

Ich mag nicht,
dass egal, was ich mir heute auch vornehme,
das alles nicht einfach verschwinden wird.
Ich mag nicht,
dass deine Stimme mich noch immer zittern lässt.

Ich mag nicht,
dass mir die Tränen kommen,
wenn ich dein Aftershave rieche,
selbst wenn nicht du der bist, der es trägt.
Ich mag nicht,
dass du noch immer ein Teil meines Lebens bist.
Ich mag nicht,
dass ich dich hasse und gleichzeitig nicht hassen kann.

Ich mag nicht,
dass ich mir selbst nicht verzeihen kann.
Ich mag nicht,
dass diese Erinnerungen immer noch so präsent sind.
Ich mag nicht,
dass ich diese Zeilen schreiben muss
und sie doch nichts ändern werden.

Elif – Mein Babe

ARMEE

Du bist in mein Leben eingefallen
wie eine Armee in ein schutzloses Land.
Ich war nicht darauf vorbereitet,
unbewaffnet
und ein leichtes Ziel.
Du hast mich überrannt
und jetzt liege ich hier in deinen Armen,
weil du den Kampf
beinahe ohne Gegenwehr gewonnen hast.

Ich wollte keine Beziehung.
Ich wollte keinen Mann in meinem Leben
und trotzdem bist du jetzt da,
beanspruchst meine Zeit,
nimmst Raum ein
und stellst Ansprüche.

Wie ist das passiert?
Wie konnte ausgerechnet ich hier landen?
Ich bin dir so lange aus dem Weg gegangen,
habe versucht, dich zu ignorieren,
deine Existenz zu leugnen,
aber letztlich hat mir das nicht geholfen.
Du bist trotzdem hier.

Warum ich?
Warum drängst du dich in mein Leben,
in dem doch eigentlich gar kein Platz für dich ist?
Ich mochte mein Leben so, wie es war.
Es war langweilig, ja, aber es war meins.
Ich hatte es mir so eingerichtet, wie ich es wollte,
und dann kamst du.

Du bist über meine Mauern hinweggebrettert,
als gäbe es sie gar nicht.
Hast sie einfach wie ein Panzer platt gewalzt.
Du hast mein Leben erobert
wie eine Armee ein fremdes Land.
Und mich vor vollendete Tatsachen gestellt.

Deine Ein-Mann-Armee hat mich überwältigt,
dabei weiß ich gar nicht,
ob das mit uns überhaupt funktionieren kann.
Jedes Mal, wenn ich zweifle,
erstickst du meinen Widerspruch.
Du zerstörst jede Mauer,
sobald ich sie zu errichten versuche.
Und ich liege hier, neben dir,
und frage mich, ob das mit uns eine Zukunft hat
oder du mir nur einredest, dass es so ist.

Ich versuche, mich zu wehren,
mich zu behaupten,

mir ein kleines bisschen
meiner Unabhängigkeit zu bewahren.
Während du alles dafür tust,
bis in den letzten Winkel meines Lebens vorzudringen.
Was willst du von mir?
Bin wirklich ich es, die du willst,
oder eine Vorstellung von mir,
die du dir zusammengesponnen hast?

Ich war glücklich, bevor deine Armee kam.
Ich war glücklich und ich weiß wirklich nicht,
ob ich es mit dir ebenso bin.
Und ich weiß nicht,
ob du mir je die Chance geben wirst,
es herauszufinden.

Until the Ribbon Breaks – One way or another

Heute

Heute ist ein dunkler Tag.
Heute ist ein Tag voller Zweifel.
Voller Schuldgefühle
und Ängste.

Heute ist ein Tag,
an dem mich eine dunkle Wolke zu verfolgen scheint.
Egal, was für kleine Lichtblicke es auch geben mag,
sie schaffen es nicht, die Wolke zu vertreiben.
Sie bleibt hartnäckig und überschattet einfach alles.

Heute ist ein Tag,
an dem ich diese Stimme in meinem Kopf
nicht zum Schweigen bringen kann.
Und wenn ich mir noch so oft sage,
dass sie übertreibt,
dass es Dinge gibt, die ich gut kann,
dass ich etwas erreicht und mir aufgebaut habe,
dass ich eben nicht für alles verantwortlich bin,
was bei anderen schiefgeht.
Die Stimme überschreit das alles.
Sie ist lauter als alle anderen.

Heute ist ein Tag,
an dem mich dieses erdrückende Gewicht
der grundlosen Schuldgefühle zu zermalmen droht.
Woher kommt das bloß?
Warum werde ich diese Schuldgefühle
einfach nicht los,
obwohl ich doch weiß,
dass ich nichts falsch gemacht habe?
Obwohl ich weiß, dass ich für das Handeln anderer
nicht verantwortlich gemacht werden kann?
Warum belastet es mich trotzdem so sehr?
Warum wälze ich das immer
und immer wieder in meinem Kopf,
auf der Suche nach einem Grund,
warum es eben doch meine Schuld war –
so unlogisch der auch sein mag?

Heute ist ein Tag,
an dem es mir schwerfällt zu atmen.
Jeder Atemzug fühlt sich nach Arbeit an.
Es ist anstrengend und ermüdend
und ich würde mich am liebsten
einfach bloß in meinem Bett zusammenrollen
und mir die Decke über den Kopf ziehen,
die Welt Welt sein lassen.

Heute ist ein Tag,
an dem ich zu verzweifeln drohe.

Einfach alles wirkt heute so viel düsterer.
So viel bedrohlicher.
So viel überwältigender.
So viel zu groß für mich.

Heute ist ein Tag,
an dem ich kurz davor bin,
alles hinzuschmeißen.
Ich hasse solche Tage wie heute.
Ich hasse es,
dass sie mich immer wieder bis an den Abgrund treiben.
Dass ich jedes Mal Angst haben muss,
dieses Mal endgültig daran zu zerbrechen.
Ich hasse es,
dass sie mir meine Schwäche vor Augen halten.
Ich hasse es,
dass ich solche dunklen Tage habe.
Und ich wünschte wirklich,
ich wüsste, was ich tun muss,
damit sie nie wieder kommen.

Sleeping at Last – In the Embers

DU KENNST MICH *nicht*

Du bildest dir ein,
mich zu kennen.
Du glaubst,
du weißt ganz genau, wer
und wie ich bin.
Du bist dir so sicher,
immer recht zu haben.
Ist dir nie in den Sinn gekommen,
dass du danebenliegen könntest?

Menschen sind komplex, weißt du?
Es reicht nicht, sich anzuschauen,
wie jemand sich nach außen gibt.
Was uns wirklich ausmacht,
sind die Dinge,
die uns dazu bringen, so zu handeln,
wie wir es tun.

Du siehst nur,
dass ich mich von den anderen fernhalte.
Du denkst,
ich bin schüchtern,
weil ich nicht viel rede

und dir nur selten in die Augen schaue.
Aber du kommst nicht auf die Idee,
dass ich in Wirklichkeit schreckliche Angst habe.

Nicht vor dir persönlich,
sondern davor, negativ aufzufallen
und wieder zur Zielscheibe zu werden.
Du weißt nicht,
was ich alles durchgemacht habe
oder wie tief diese Angst bei mir sitzt.

Du denkst,
ich bin konzentriert,
wenn ich zusammenzucke,
weil jemand laut lacht.
Dabei gehe ich panisch alles durch,
was ich in den letzten Minuten gemacht habe,
aus Angst,
etwas falsch gemacht zu haben,
für das ich jetzt lächerlich gemacht werde.

Du weißt nicht,
wie das ist.
Wie zutiefst verunsichert ich wirklich bin.
Woher auch?
Ich rede ja nicht darüber.

Wir alle sehen nur,
was andere uns zu sehen erlauben.
Manche tragen ihre Wunden
und ihren Schmerz nach außen.
Andere behalten ihn für sich.
Du kennst mich nicht.
Aber vielleicht,
ganz vielleicht,
kenne ich dich auch nicht.

Kelvin Jones – Cry a little less

NEIN HEISST *Nein*

Es ist egal,
was ich anhabe.
Es ist egal,
wie ich aussehe.
Es ist egal,
ob ich mit dir geflirtet habe.
Nein heißt Nein.

Es ist egal,
ob ich Alkohol getrunken habe.
Es ist egal,
ob ich mit dir getanzt habe.
Es ist egal,
ob ich dich angelächelt habe.
Nein heißt Nein.

Es ist egal,
ob ich Röcke oder Jeans oder eine Burka trage.
Es ist egal,
ob ich laut bin oder leise.
Es ist egal,
ob ich dich angesprochen habe oder du mich.
Nein heißt Nein.

Es ist egal,
ob ich dir deiner Meinung nach Signale gesendet habe.
Es ist egal,
ob du glaubst, dir alles erlauben zu können.
Es ist egal,
ob du denkst, Nein heißt Ja.
Nein heißt Nein.

Es ist egal,
wie sehr du mich willst.
Es ist egal,
was deine Freunde sagen.
Es ist egal,
ob jemand hinsieht oder nicht.
Nein heißt Nein.

Nein heißt nein.
No means no.
Non veut dire non.
No significa no.
Ei tarkoittaa ei.
"Ne" reiškia "ne".
Нет - значит нет.
Hayır, hayır demektir.
Ὄχι σημαίνει ὄχι.
Egal, in welcher Sprache.

Nein heißt Nein.
Nein heißt Nein.
Nein heißt Nein.
Nein heißt Nein.
Nein heißt Nein.
Nein heißt Nein.
Nein heißt Nein.

Lotte – So wie ich

MEIN *Albtraum*

Ist dir klar,
was du getan hast?
Ist dir klar,
dass jetzt nichts mehr ist,
wie es vorher war?
Ist dir klar,
dass du mich zerstört hast?

Ist dir klar,
dass du zu weit gegangen bist?
Ist dir klar,
dass du etwas falsch gemacht hast?
Ist dir klar,
dass du mich zum Opfer
und dich zum Täter gemacht hast?

Ist dir klar,
dass das
– dass du –
mein Leben für immer verändert hat?
Ist dir klar,
dass du mein Leben nachhaltig beeinflusst hast?

Ist dir klar,
dass ich nicht mehr dieselbe bin?

Ist dir klar,
dass du jetzt mein Albtraum bist?
Ist dir klar,
dass ich bei jedem Schritt vor die Tür Angst habe,
dass du vielleicht dort draußen irgendwo
auf mich warten könntest?
Ist dir klar,
dass es dafür keine Entschuldigung
und keine Vergebung geben kann?

Hast du begriffen,
was du angerichtet hast?
Hast du erkannt,
dass das hier ernst ist
und kein Spiel?
Dass du dich da nicht einfach so rausreden kannst,
egal, wie geübt du darin auch sein magst?

Ich bin nicht mehr die,
die ich vor dir war.
Ich bin nicht mehr die,
die sich behaupten kann.
Ich bin nicht mehr die,
die Widerworte gibt.

Ich bin nicht mehr die,
die du damals kennengelernt hast.

Ich bin jetzt das neue Ich.
Ich bin jetzt die,
die zusammenzuckt,
wenn sie eine Hand auf ihrem Rücken spürt.
Ich bin jetzt die,
der die Tränen kommen,
wenn sie Schritte hinter sich auf dem Pflaster hört.
Ich bin jetzt die,
die Angst im Dunkeln hat,
weil sie nicht sicher wissen kann,
ob du dich nicht doch da draußen versteckst.
Ich bin jetzt die,
die nicht weiß,
ob sie je wieder ganz sein kann,
nachdem sie von dir zerbrochen wurde.

Hast du jetzt begriffen,
was du getan hast?
Hast du es endlich verstanden?
Es ist mir egal,
dass du das mit mir »klären« willst.
Es gibt nichts zu klären.
Und wenn es dir wirklich leidtun sollte,
auch wenn ich das nicht glauben kann,

dann tu, worum ich dich bitte,
und bleib weg von mir.
Für immer.

Dein Anblick reicht schon,
um mich wieder in der Zeit zurückreisen zu lassen.
Deine Stimme
lässt mich wieder dort sein.
Der Geruch deines Aftershaves
lässt mich wieder deine Hände spüren.
Du bist jetzt mein Albtraum.
Leb damit,
so wie ich es muss.

Lotte – So wie ich

DUNKEL*bunt*

Manchmal frage ich mich,
wie wir uns so verändern konnten.
Wir waren mal bunt
und jetzt sind wir schwarz.
Wie ist das nur passiert?

Du warst mein Gelb
und ich war dein Violett.
Zusammen waren wir rot
und blau
und bunt.

Wir haben Farbe
in das Leben des jeweils anderen gebracht.
Wo du zu grün warst,
war ich gelb,
und wo ich grau war,
warst du orange.
Zusammen waren wir ein Regenbogen,
bunt
und vollkommen.

Jetzt sind wir schwarz,
dunkel
und tief.
Undurchdringlich
und absolut.

Warum haben wir es nicht bemerkt,
als unser Bunt dunkler wurde?
Warum haben wir den Absprung nicht geschafft,
bevor aus unserem Dunkelbunt
ein unendlich tiefer schwarzer Abgrund wurde?

Wann habe ich aufgehört, dein Violett zu sein?
Seit wann warst du nicht mehr mein Gelb?
Ich weiß es nicht mehr
und wünschte wirklich, es wäre anders.
Warum können wir nicht dorthin zurück?
Warum können wir nicht einfach wieder bunt sein?

Für dich wäre ich auch grün
und du kannst gern rot sein, wenn du willst.
Wir können so dunkelbunt sein, wie du möchtest,
solange wir nur nicht mehr schwarz sind.
Sag mir, dass wir dunkelbunt sein können,
bitte.
Dunkelstes Dunkelbunt,
aber bitte, bitte, nie wieder schwarz.

Ich wünsche mir nichts mehr,
als mit dir dunkelbunt zu sein,
obwohl ich weiß,
dass wir schwarz sind
und nie wieder bunt werden können –
oder wenigstens nicht zusammen.
Egal, wie sehr ich es mir auch wünsche,
unser Bunt kommt nicht mehr zurück.
Ich vermisse es.
Ich vermisse uns.
Ich vermisse unseren Regenbogen.
Geht es dir genauso?
Und wenn es so ist,
verrätst du es mir?

Lotte – Dunkelrot zu schwarz

SENSIBEL

Ich hasse es,
so sensibel zu sein,
dass mich Dinge verletzen,
die gar nicht so gemeint sind.

Ich hasse es,
dass ich diese Selbstzweifel
einfach nicht abschalten kann
und sie sich immer und immer wieder
in meinem Kopf im Kreis drehen.

Ich wünschte, ich wäre mehr wie alle anderen,
weniger empfindlich,
weniger verletzlich.
Nicht so angreifbar,
nicht so zerbrechlich.

Ich fühle mich so oft
wie ein Glas,
das schon zu oft in der Spülmaschine gespült wurde
und jetzt ganz kurz davor ist zu zerbrechen.
Nur ein leichter Schlag,
ein Anstoßen mit etwas zu viel Kraft
und schon zerbricht es in Tausende von Scherben.

Ich will nicht immer so sensibel sein.
Ich will nicht immer alles intensiver empfinden
als andere.
Ich will normal sein,
stark sein.
Ich will nicht ständig meine Splitter aufsammeln –
panisch vor Angst, einen zu übersehen
und für immer einen Teil von mir zu verlieren.

Ich will nicht alles lauter
und heller empfinden
als alle anderen.
Ich will Dinge ausblenden können.
Ich will mich nicht von Kleinigkeiten
verrückt machen lassen.
Ich will wie alle anderen sein.
Ich will nicht mehr sensibel sein.

Ich will nicht länger als „schwierig" bezeichnet
und als „empfindlich" hingestellt werden.
Ich will so sein, wie jeder andere ist,
jeder, der nicht so seltsam ist wie ich.

Warum kann es keinen Schalter geben,
den ich einfach umlegen kann,
und schon bin ich normal?
Warum weiß ich, dass alles Hadern nichts bringen wird,
denn niemand kann etwas daran ändern.

Sosehr ich es mir auch wünsche,
ich werde niemals normal sein.
Ich werde immer anders sein.
Ich bin sensibel und muss damit leben.

Ruelle (feat. Fleurie) – Carry you

Gefühle

Warum sind da so viele Gefühle in mir?
Warum fühle ich mich so oft,
als wäre ich allein auf hoher See,
ein hilfloser Spielball,
der von den Wellen herumgeworfen wird
und ihnen niemals entkommen kann?

Wenn ich traurig bin,
dann verschluckt mich oft diese bodenlose Schwärze,
diese alles umfassende Traurigkeit,
die sich wie eine beschwerte Decke über mich legt
und mich zu ersticken droht.

Wenn ich glücklich bin,
bin ich oft direkt euphorisch.
Alles wirkt leuchtender,
strahlender,
lebendiger.
Ich singe und tanze
und weiß gar nicht wohin mit all der Freude,
bis es sich anfühlt,
als müsste ich gleich platzen.

Wenn ich nachdenklich bin,
dann zergrüble ich alles.
Ich gehe meine Worte,
die Worte der anderen,
mein Verhalten,
ihr Verhalten,
einfach alles immer und immer wieder durch,
auf der Suche nach Fehlern,
die ich gemacht habe,
damit ich sie mir vorwerfen kann.

Bei mir scheint es nur Extreme zu geben.
Auch wenn ich weiß,
dass es eigentlich nicht so ist,
fühlt es sich oft genug so an.
Meine Gefühle scheinen zu viel,
zu komplex,
zu extrem,
zu mächtig.
Und ich treibe im Ozean,
verloren auf hoher See,
ein hilfloser Spielball der Wellen,
die mich herumschleudern,
egal, wie viel ich strample.

Linda & Elif – How to fall in love

LIEBER *Montag*

Lieber Montag,
ich weiß, es ist nicht leicht, du zu sein.
Alle jammern und stöhnen über dich,
hätten lieber noch mal Samstag oder Sonntag.

Lieber Montag,
niemand will pünktlich aufstehen,
jeder steckt noch mit dem Kopf im Wochenende
und gibt dir die Schuld, wenn etwas schiefläuft.

Lieber Montag,
ich weiß, wir sind gemein.
Du kannst doch auch nichts dafür, du zu sein.
Und bist der unbeliebteste Tag der Woche.

Lieber Montag,
es tut mir leid, dass ich so oft gesagt habe,
dass ich dich hasse.
Ich weiß ja, du kannst nichts dafür.
Einer muss ja der Erste sein.

Lieber Montag,
wünschst du dir manchmal, ein Freitag zu sein,
oder Samstag?
Oder einer der anderen Tage?

Lieber Montag,
ich versuche, mich zu bessern, versprochen.
Ich werde es nicht mehr auf dich schieben,
wenn etwas schiefgeht.
Auch ein Mittwoch kann schwierig sein
wie eigentlich jeder Tag.

Lieber Montag,
bitte nimm meine Entschuldigung an.
Ich habe meine Lektion gelernt.
Von nun an lass uns Freunde sein.

Billie Eilish – When the Party's over

LIEBER MONTAG,

Wünschst du dir manchmal

ein Freitag zu sein,

Oder Samstag?

Oder einer der anderen

Tage?

Manyfacts by Buechernwurmlettering

NAIV

Du sagst, ich sei naiv.
Aber warum ist es naiv,
auf eine glücklichere,
sichere Zukunft zu hoffen?
Warum ist es naiv,
davon zu träumen,
dass wir Menschen uns ändern können?
Warum soll ich naiv sein?
Nur weil du die Hoffnung bereits verloren hast?

Ist es naiv, sich eine schönere Welt zu wünschen?
Ist es naiv, daran zu glauben,
dass die Menschheit irgendwann begreift,
dass es so nicht weitergehen kann?
Dass Kriege nichts bringen
außer Leid auf beiden Seiten.
Dass Terror niemandem seine Ziele näherbringt.
Dass wir alle so viel glücklicher wären,
wenn wir es schaffen könnten,
einfach zu leben
und andere leben zu lassen.

Ist es naiv, sich diese Hoffnungen zu bewahren,
auch wenn die Wirklichkeit dagegenspricht?

Auch wenn die Nachrichten
immer nur vom Gegenteil berichten?
Bin ich naiv?
Oder ist es nicht eigentlich traurig,
dass es außer mir niemand sonst mehr ist?

Ist es naiv, darauf zu hoffen,
dass alles irgendwann einmal besser wird?
Ist es naiv, sich zu wünschen,
dass sich Menschen ändern können?
Dass du dich ändern kannst?
Ist es naiv, darauf zu hoffen,
dass meine kleine Welt wieder so werden kann,
wie sie einmal war?
Ist es naiv, mir zu wünschen,
dass du dich daran erinnerst, wie es früher war?
Dass du erkennst, wie viel glücklicher wir alle waren,
und dir daraufhin wünschst,
dass es wieder so werden kann?

Ist es naiv, dass ich es nicht schaffe,
die Hoffnung aufzugeben?
Obwohl es sich so oft so anfühlt,
als hätte die Hoffnung mich aufgegeben?
Bin ich naiv
oder wäre es nicht in Wirklichkeit so viel schlimmer,
nichts mehr zu haben,
auf das man noch hoffen kann?

Also ja, vielleicht bin ich naiv.
Vielleicht bin ich eine unverbesserliche Optimistin.
Vielleicht bin ich eine Träumerin.
Aber lieber bin ich das, als hoffnungslos zu sein.
Lieber bin ich naiv, als in der Dunkelheit zu versinken.
Ich bin naiv.
Und ich bin stolz darauf.

Johannes Oerding & Lotte – Dunkelrot zu schwarz

Lesen

Für mich ist Lesen nicht bloß ein Zeitvertreib
oder ein Hobby,
auch wenn es mein Lieblingshobby ist.
Für mich ist Lesen so wichtig wie Atmen.
Ohne kann ich nicht leben.

Ich weiß, das klingt dramatisch.
Aber ich meine es ernst.
Weil für mich Bücher
nicht bloß irgendwelche erfundenen Geschichten
und aneinandergereihte Buchstaben sind.
Für mich sind es Gefühle,
Bilder
und das Leben selbst.

Bücher erfüllen mich mit Worten.
Sie sorgen dafür,
dass sie mir niemals ausgehen.

Ich arbeite den ganzen Tag mit Worten.
Ich korrigiere sie,
ersetze sie,

suche sie
und verbinde sie so,
dass sie ihre Geschichte optimal erzählen können.

Aber manchmal kommt es mir so vor,
als würde mein Wortspeicher gefährlich niedrig werden,
fast, als drohten sie, mir auszugehen.
Wenn ich lese,
fülle ich meinen Speicher wieder auf.

Ich lese Wort um Wort
und plötzlich finde auch ich wieder
die richtigen Worte
hier
und bei meiner Arbeit.
Es ist, als müsste ich konstant meinen Speicher füllen,
damit ich meine Arbeit tun
und schreiben kann.

Bücher sind das Tor zu unglaublichen Welten,
zu großen Liebesgeschichten
und fantastischen Abenteuern.
Zu spannenden Rätseln
und traumhaft schönen Orten.
Aber für mich sind sie so wichtig wie Atmen.

Ich brauche ihre Worte,
damit ich meine Gefühle zu Papier bringen kann,

ohne dass die Quelle versiegt.
Ich muss neue Wörter nachfüllen,
um sie vor dem Austrocknen zu bewahren.
Und gäbe es dafür etwas Schöneres als das Lesen?
Für mich jedenfalls nicht.

Johannes Oerding – Blinde Passagiere

WORTE *und Gewalt*

Warum ist alles, was ich tue, niemals gut genug?
Warum findest du an allem
immer etwas auszusetzen?
Warum wiegt die eine Sache,
die du kritisieren kannst,
immer so viel schwerer
als all die Dinge,
die ich so gemacht habe,
wie du wolltest?

Warum kann ich in deinen Augen niemals
etwas richtig machen?
Warum bin immer ich an allem schuld?
Warum kannst du nur glücklich sein,
wenn du mich verletzt?
Wenn du mich klcin machst
und mir das Gefühl gibst,
wertlos
und eine Platzverschwendung zu sein?

Es ist egal, was ich tue,
wie erfolgreich ich bin
oder wie viel Anerkennung ich von anderen bekomme,

du bist immer enttäuscht.
Dir kann ich es nie recht machen.
Irgendetwas ist immer falsch.
Irgendetwas dient dir immer als Vorwand,
um mir wehzutun.

Du benutzt deine Worte wie einen Knüppel,
mit dem du mich ein ums andere Mal zu Boden schlägst.
Ich liege in meinem Blut
und du steigst einfach über meinen Körper hinweg,
als würde es dich nicht interessieren,
was du mir gerade wieder einmal angetan hast.

Deine Worte sind so scharf wie eine Klinge,
die meine Haut aufschneidet,
mein Fleisch aufreißt
bis zum Knochen
und mich langsam verbluten lässt.

Aber dir ist all das egal.
Du bist der Meinung,
dass ich das verdient hätte.
Aus irgendeinem Grund,
den nur du selbst kennst.
Aber wie soll ich das verdient haben?
Wie soll irgendjemand so etwas verdient haben?
Wie kannst du das vor dir selbst rechtfertigen?

Ich weiß jetzt, dass es immer so sein wird.
Es wird nie aufhören.
Du wirst nie aufhören.
Also kratze ich die letzten Reste von mir zusammen,
die du noch nicht unter deinen Stiefeln zermalmt hast,
und gehe.

Ich lasse dich in meinem Rückspiegel
immer kleiner werden
und akzeptiere es,
dass ich von dir niemals bekommen werde,
was ich mir wünsche.
Du kannst oder willst es mir nicht geben
und ich bin es leid, verletzt zu werden.

Ich habe es zu lange mitgemacht.
Ich habe es zu lange geschehen lassen.
Mich an eine irrationale Hoffnung geklammert,
dabei hätte ich es besser wissen müssen.
Ich hätte es schon vor Jahren begreifen müssen.
Aber manchmal klammert man sich lieber
an den kleinsten Funken Hoffnung,
als die Wahrheit zu begreifen.

Ich bin es leid, mich als Punchingball
für deine Worte benutzen zu lassen.
Ich bin es leid, verletzt zu werden.
Ich bin es leid, in meinem Blut zu liegen.

Ich bin es leid, jedes einzelne Mal
ein Stück meiner selbst zu verlieren,
das ich niemals zurückbekommen kann.
Ich bin es leid, dass alle nur dabeistehen
und zuschauen,
ohne jemals für mich Partei zu ergreifen.
Ich bin es leid, niemals jemandes Priorität zu sein.

Von heute an bin ich meine Priorität.
Von heute an bin ich es, die mir den Rücken freihält.
Von heute an bin ich es, die Grenzen zieht.
Von heute an bin ich es, die bestimmt,
wie mein Leben zu verlaufen hat.
Von heute an sind die einzigen Ansprüche,
die ich erfüllen werde,
meine eigenen.
Von heute an bist du kein Teil mehr meines Lebens.

Vielleicht werde ich mich niemals
von den Wunden erholen,
die du mir beigebracht hast.
Vielleicht werde ich nie wieder die sein,
die ich einmal war.
Aber ich werde nicht mehr dein Opfer sein.
Diese Zeiten sind endgültig vorbei.
Ein für alle Mal vorbei.

SDP & Floor Jansen – Amaranth

DIE WAHRHEIT *auf Papier*

Manchmal ist es seltsam,
Zeilen wie diese zu schreiben.
Die Wahrheiten,
die sie enthalten, aufs Papier zu bringen,
damit sie andere lesen.
So oft sind es Dinge,
die ich mir selbst gegenüber
nur schwer eingestehen kann,
Dinge, die ich von Angesicht zu Angesicht
niemals aussprechen würde.

Es geht um meine Schwächen,
die Dinge, die mich verletzt haben
oder es jederzeit könnten.
Es sind Wahrheiten und Erkenntnisse,
die ich manchmal erst erkenne,
wenn ich sie schwarz auf weiß aufs Papier bringe.

Dinge, die mir selbst nicht klar waren
oder die ich gern von mir wegschiebe,
weil ich nicht will,
dass sie wahr sind.

Ich bin ehrlicher zu den Buchstaben auf dem Papier,
als ich es jemals zu meinem Spiegelbild sein könnte.

Ist das nicht seltsam?
Dass es mir leichter fällt, hier,
auf diesem Wege,
Dinge auszusprechen,
die mich beschäftigen und belasten,
als es auf irgendeinem anderen Weg zu tun?
Dabei weiß ich doch,
dass diese Zeilen nicht bloß für mich sind
und in irgendeiner Schublade verrotten.
Ich weiß, dass ich sie in die Welt hinausschicken werde,
auch wenn sie nur ein kleiner Kreis jemals lesen wird,
sie sind da draußen,
für aller Augen sichtbar.
Und obwohl ich das weiß,
macht mir das keine Angst.

Ich schäme mich nicht dafür.
Ich geniere mich nicht bei dem Gedanken,
dass jemand meine Worte liest.
Obwohl es Gedanken und Überlegungen,
Gefühle und Wahrheiten sind,
die ich niemals einem anderen gegenüber
einfach so zugeben würde.

Warum ist das so?
Warum fühle ich mich bei dem Gedanken daran,
meine Worte mit der Welt zu teilen,
frei,
befreit,
sicher
und erleichtert?
Ich weiß es nicht.
Ich weiß nur, dass es so ist.

Simply Three – DNA

AUFGEBEN *ist leicht*

Es ist leicht aufzugeben,
die Segel zu streichen
und einfach die Hände in den Schoß zu legen.
Es ist viel leichter, als etwas zu tun,
als aufzustehen
und die Dinge in Angriff zu nehmen,
egal, wie schwer es einem auch fällt.

Für welche Option entscheidest du dich?
Lässt du alles auf dich zukommen
oder nimmst du dein Leben in die Hand?
Lässt du dich von deinen Gedanken verschlucken
oder kämpfst du dich durch die Dunkelheit?

Ich habe viel zu lange
die Hände in den Schoß gelegt.
Ich habe zugelassen,
dass andere Entscheidungen für mich treffen.
Dass sie mein Leben für mich lenken und bestimmen.
Ich habe zugelassen, dass die negativen Gedanken
alle positiven vertreiben.

Ich bin in der Dunkelheit der Nacht ertrunken,
habe mich von den Gedanken
unter Wasser drücken lassen
und irgendwann unterwegs vergessen,
wie man kämpft.

Jetzt weiß ich wieder, wie das geht.
Ich habe mich mit Zähnen und Klauen zur Wehr gesetzt
und zum ersten Mal seit Langem
mal wieder Licht gesehen.
Ich habe dem Flüstern widerstanden,
seine Worte ignoriert
und mich auf das konzentriert, was wirklich wichtig ist.
Ich habe erkannt,
dass ich den Worten nicht zuhören muss,
dass ich ihrem Geflüster nicht glauben muss.
Ich habe eine Entscheidung getroffen
und den Kampf aufgenommen.

Ich habe mich durch die Dunkelheit hindurchgekämpft.
Ich habe Schlag um Schlag pariert.
Ich habe mich durchgebissen.
Ich habe nicht den leichten Weg gewählt.
Ich habe gekämpft und vielleicht nicht gewonnen,
aber auch definitiv nicht verloren.
Und möglicherweise ist es allein schon ein Sieg,
den Kampf überhaupt aufgenommen zu haben?

Amos Lee – Colors

ABGRUND

Manchmal frage ich mich,
wie das Leben für alle anderen
einfach so weitergehen kann,
während meine Welt gerade untergeht.
Wie können sie lachen und fröhlich sein,
tanzen und ihr Leben genießen,
wenn es in meinem doch nichts anderes mehr gibt
als diesen bodenlosen Abgrund,
der alles Licht verschluckt?

Wie machen sie das?
Wie können sie einfach weitermachen?
Wie kann es für sie ein Morgen geben,
ein Vertrauen darauf, dass es irgendwann
– bald –
besser wird?
Während ich mir so sicher bin,
dass es nie wieder gut werden wird.

Wie sollte es das auch?
Um mich herum
ist alles in undurchdringliche Dunkelheit gehüllt,
die hohen schroffen Wände sind unüberwindlich,

und ich falle immer weiter
und weiter
in diesen Abgrund hinein,
wissend,
dass wenn ich doch irgendwann den Boden erreiche,
der Aufprall den Rest von mir,
der noch übrig geblieben ist,
zerschmettern wird.

Was ist überhaupt noch von mir übrig,
ohne Herz
und mit nur wenigen Fetzen,
die einst meine Seele waren?
Wie kann da noch genug übrig sein,
um diesen Schmerz zu rechtfertigen,
der mir den Atem raubt?
Ich will, dass es endlich aufhört wehzutun.
Ich will die Taubheit zurück,
die Taubheit nach dem ersten Schock.
Ich will nichts mehr fühlen.

Warum kann ich nicht ein einziges Mal bekommen,
was ich will?
Warum kann ich nicht einen einzigen Tag
ohne Schmerzen leben?
Warum besteht meine Existenz nur aus Schmerz,
Dunkelheit
und diesem Abgrund?

Und wie kann es sein,
dass es niemandem auffällt,
wie es um mich bestellt ist?
Wie kann es sein,
dass sie alle einfach ihr Leben weiterleben,
ohne zu bemerken,
wie mich meines jeden Augenblick
ein kleines bisschen mehr verlässt?

Ich wünschte, ich wäre so wie sie.
Ich wünschte, ich könnte einfach weitermachen,
den Schmerz verdrängen
oder gar hinter mir lassen.
Aber das kann ich nicht.
Das konnte ich noch nie.
Sobald er einmal seine Klauen in mir versenkt hat,
gibt es kein Zurück mehr.

Manchmal wünschte ich, da gäbe es jemanden,
der mit mir zusammen in den Abgrund springt
und mir hilft, den Weg hinauszufinden.
Manchmal wünschte ich,
dieser jemand könnte einfach die Reißleine ziehen,
seinen Fallschirm öffnen
und uns sanft zu Boden gleiten lassen.
Wer weiß, vielleicht gibt es ja am Boden des Abgrunds
eine Tür,
die nur darauf wartet, geöffnet zu werden?

Oder ist es naiv, darauf zu hoffen?
Zu hoffen,
während ich falle
und falle
und falle.

Hozier – Work Song

Taschenlampe

Ich weiß, es ist schwer für dich,
mich so zu sehen.
Ich weiß, es ist schwer für dich
zuzusehen,
wie ich mit dieser Dunkelheit in mir ringe.
Ich weiß, es tut dir weh,
mich leiden zu sehen.
Ich weiß, es bricht dir das Herz,
wenn ich die Tränen nicht zurückhalten kann.
Ich weiß, du willst mir helfen
und nicht zu wissen, wie,
macht dich fertig.

Ich wünschte, es wäre so leicht.
Ich wünschte, ich könnte dir einfach
eine Taschenlampe in die Hand drücken
und sagen:
»Wenn du nur wild genug damit wedelst,
werde ich den Weg hinaus
aus dieser Dunkelheit finden,
die mein Leben bestimmt.«

Ich wünschte, ich könnte irgendetwas sagen,
dass es für dich leichter macht,
hilflos zusehen zu müssen.
Ich wünschte, ich hätte eine Deadline für dich,
einen Zeitpunkt, ab dem alles wieder gut ist.
Aber ich weiß nie,
wie lange sie dieses Mal an mir zerren wird.

Es tut mir leid, dass ich so schwierig bin.
Es tut mir leid, dass es für dich so schwer ist.
Es tut mir leid, dass ich immer und immer wieder
von Neuem gegen diese Dunkelheit ankämpfen muss.
Es tut mir leid, dass sie mich immer wieder verschluckt.
Es tut mir leid, dass du nichts tun kannst.
Es tut mir leid, dass ich mich nicht
von dir retten lassen kann.
Glaub mir, ich kämpfe so hart ich kann,
um den Weg zurück zu dir zu finden.

Die Dunkelheit ist ein Teil von mir.
Sie lässt mich nie ganz los,
aber meistens bleibt sie im Hintergrund.
Nur manchmal überrollt sie mich wie ein Tsunami.
Sie bringt mich aus dem Gleichgewicht,
wirft mich zu Boden
und lässt alles andere verschwinden.

Ich werde nie frei von ihr sein.
Sie wird immer wieder kommen.
Aber ich kann dir eins versprechen:
Egal, wie fest sie mich auch in ihren Klauen hat,
egal, wie schlecht es mir geht,
egal, wie heftig ich weine,
ich werde den Weg zurück zu dir finden.
Immer.
Ich werde sie nicht gewinnen lassen.
Also leuchte weiter mit deiner Taschenlampe
und ich werde bald wieder bei dir sein.

Daniel Cage – Help me

HIER *stehe ich*

Hier bin ich.
Stehe nackt vor dir,
nur in meine Worte gekleidet.
All meine Makel,
all meine Narben,
alles, wofür ich mich schäme,
deinen Augen enthüllt.

Hier stehe ich,
all meiner Schutzmauern beraubt,
nur ich,
so wie ich bin,
schutzlos,
ohne Make-up,
ohne Maske.
Verletzlich wie noch nie.

Ich warte auf dein Urteil.
Darauf zu erfahren,
ob ich gut genug bin.
Ob ich deiner Liebe wert bin
oder ob du mich zurückweist

wie so viele andere auch
und damit mein zerbrechliches Selbstbewusstsein
endgültig zerstörst.

Wofür wirst du dich entscheiden?

Lotte – Gewinner

NICHT *genug*

Nicht hübsch genug.
Nicht klug genug.
Nicht schlank genug.
Nicht selbstbewusst genug.
Nicht genug.

Nicht erfolgreich genug.
Nicht selbstständig genug.
Nicht nett genug.
Nicht unabhängig genug.
Nicht genug.

Nicht liebenswert genug.
Nicht aufregend genug.
Nicht fröhlich genug.
Nicht ernsthaft genug.
Nicht genug.

Nicht locker genug.
Nicht offen genug.
Nicht cool genug.
Nicht mutig genug.
Nicht genug.

Nicht interessant genug.
Nicht witzig genug.
Nicht gesund genug.
Nicht normal genug.
Nicht genug.

Nicht wichtig genug.
Nicht bedeutend genug.
Nicht talentiert genug.
Nicht erwachsen genug.
Nicht genug.

Nicht gut genug.
Nicht gut genug.
Nicht gut genug.
Nicht gut genug.
Niemals genug.

Lotte – Cry a little less

KARUSSELL

Immer wieder drehen wir uns im Kreis,
fahren Runde um Runde in diesem Karussell
und finden einfach nicht den richtigen Moment,
um abzuspringen.
Sag mir, wird dir nicht auch langsam schwindelig?

Macht es dir Spaß,
dich immer wieder im Kreis zu drehen?
Ständig über dieselben Dinge zu streiten,
die andauernd die gleichen Diskussionen zu führen
mit dem immer gleichen Ausgang?
Du bist enttäuscht.
Ich bin enttäuscht.
Das Karussell dreht sich noch eine weitere Runde.

Es dreht sich und dreht sich.
Mir ist schon lange schwindelig,
aber ich finde den Ausschalter nicht.
Ich versuche, diesen Teufelskreis zu durchbrechen,
etwas anders zu machen,
anders zu reagieren,
mich anzupassen,
aber auch das hilft nicht.
Und das Karussell dreht sich weiter im Kreis.

Wir lernen nicht aus unseren Fehlern.
Warum sind wir dazu nicht in der Lage?
Und warum fällt es mir so schwer,
die Worte auszusprechen,
von denen ich weiß,
dass sie das Karussell ganz sicher
zum Stoppen bringen werden?
Warum hofft ein kleiner Teil von mir,
dass es vielleicht doch noch einen anderen Weg gibt?
Oder wenn schon das nicht,
dann, dass es wenigstens du bist,
der es sagt.
Feige, ich weiß.
Wird das Karussell jemals zum Stillstand kommen?
Ich weiß es nicht.
Und auch nicht, ob ich das wirklich,
wirklich,
wirklich will.

Lotte – Cry a little less

ETWAS *gönnen*

Ich bin nicht gut darin,
mir etwas zu gönnen.
Oft denke ich, ich habe es nicht verdient.
Ich hätte nicht hart genug gearbeitet
oder genug geschafft,
um mich belohnen zu dürfen.

Wenn es etwas Materielles ist, frage ich mich,
ob ich gerade Geld zum Fenster rauswerfe.
Ob es dumm ist, das Geld auszugeben,
anstatt es zu sparen.

Wenn es ein freier Tag ist, schäme ich mich,
weil ich eigentlich genug zu tun hätte
und andere nicht freimachen.
Ich mache mir Vorwürfe, faul zu sein,
obwohl ich weiß,
dass es nicht meine Stimme ist,
die das Wort in meinem Kopf ausspricht.

Wenn es etwas Besonderes zu essen ist,
denke ich mir:
»Wunderbar, jetzt erfüllst du gerade total

das Klischee der dicken Frau,
die nur ans Essen denkt.«
Irgendein Teil von mir glaubt immer wieder,
dass ich es nicht verdient hätte,
mir etwas zu gönnen.
Dass ich es nicht wert sei,
diese Dinge zu haben.

Warum bin ich so?
Warum kann ich das nicht ablegen?
Warum kann ich diese Gedanken nicht abschütteln?
Warum höre ich die Worte
ausnahmslos jedes Mal in meinem Kopf?
Warum kann ich mir nichts gönnen?
Warum kann ich meinen eigenen Wert
nicht anerkennen?
Warum kann ich nicht gut von mir selbst denken?
Warum sitzt das alles bei mir nur so schrecklich tief,
dass ich es nicht schaffe,
das mit der Wurzel auszureißen?

Ich will mir etwas gönnen,
ohne ein schlechtes Gewissen zu haben.
Ich will mir etwas gönnen,
ohne mir selbst Vorwürfe zu machen.
Ich will mir etwas gönnen
und mir nicht direkt im Vorfeld schon
die Freude daran verderben.

Ich will mir etwas gönnen
und es einfach genießen.
Ist das wirklich zu viel verlangt?

Warum kann ich es dann nicht einfach tun?
Über die Vergangenheit hinwegkommen
und als neuer Mensch in die Zukunft schauen?
Ich will diesen Worten
keine Macht mehr über mich zugestehen.
Ich will ein erfülltes Leben leben.
Ich will es so leben, wie ich es will,
ohne diese blöde Stimme in meinem Kopf.
Ich will mir Dinge gönnen können.
Nur ein einziges Mal.
Warum kann ich das nicht?

SDP – Keinen Zentimeter
Lotte – Alles okay (Gar nichts okay)

RETTUNGSBOOT

Ich sitze in einem Rettungsboot auf offener See
und habe doch die Hoffnung auf Rettung
schon längst aufgegeben.
Um mich herum nichts als Wasser.
Wasser, so weit das Auge reicht.
Nur der Ozean und ich
in diesem kleinen Rettungsboot,
das auf den Wellen auf und ab schaukelt.
Ein hilfloser Spielball, ihren Launen ausgeliefert.

Ich suche verzweifelt
nach dem Glauben an die Hoffnung,
aber ich kann ihn einfach nicht finden.
Zu oft wurde ich schon enttäuscht.
Wie oft kann jemand enttäuscht werden,
bevor er anfängt, nichts anderes mehr zu erwarten?
Bevor die Enttäuschung zur Normalität wird?
Bevor die Hoffnung zu etwas so Abwegigem wird,
dass man sich fragt, ob es sie jemals wirklich gab.

Und so sitze ich hier in meinem Rettungsboot,
allein auf offener See,
schwanke hin und her,
ganz wie die Wellen es wollen,

ihrem Willen ausgeliefert
ohne Hoffnung auf Rettung,
weil der Teil von mir,
der daran glauben könnte
schon längst in meiner Brust verdorrt ist.

James Blunt – Fall at your feet

WEIL *und bis auf*

Es ist alles andere als leicht,
Menschen aus deinem Leben zu streichen.
Vor allem dann nicht, wenn es jemand ist,
der eigentlich zu deinem Leben gehören sollte
– es müsste.

Man denkt sich Ausreden für sie aus.
Entschuldigungen.
Versucht, logische
und nachvollziehbare
Gründe für ihr Verhalten zu finden.
Man tut das immer und immer und immer wieder,
bis man irgendwann,
ganz plötzlich,
eine Erleuchtung hat.
Bis es klick macht und einem klar wird,
was man da die ganze Zeit getan hat
und dass man nicht hätte gezwungen werden dürfen,
es zu tun.
Dass man mehr verdient hat als das.

Es ist schwer, sich selbst
und die eigenen Bedürfnisse

an die erste Stelle zu setzen.
Man fühlt sich egoistisch,
hinterfragt diese Entscheidung
immer und immer wieder.
Aber die Menschen in unserem Leben
sollten ein »Weil« sein und kein »Bis auf«.
Sie sollten ein Grund dafür sein,
warum unser Leben schön ist,
und nicht ein Grund dafür,
warum es das nicht ist.
Sie sollten für gute Gefühle sorgen
und nicht dafür,
dass sie in uns verdorren.

Sie sollten ein
»Mein Leben ist schön,
weil (Name einfügen) ein Teil davon ist« sein
und kein
»Mein Leben ist schön,
bis auf die Sache mit (Name einfügen)«.
Sie sollten ein »Weil« sein und kein »Bis auf«.
Du hast ein Recht auf ein Leben voller »Weils«.
Und du hast genauso ein Recht darauf
zu entscheiden,
ein »Bis auf« aus deinem Leben zu verbannen.
Du darfst
– und musst vielleicht sogar –
dich selbst an erste Stelle setzen.

Natürlich sollst du kein absoluter Egoist werden,
aber es ist dein Leben und du bestimmst darüber,
wer ein Teil davon sein darf und wer nicht.
Du entscheidest.
Und wenn das bedeutet,
dass du manchmal das tun musst,
was dir guttut, dann bedeutet es das eben.
Das macht dich nicht zu einem schlechten Menschen.
Nur vielleicht zu einem glücklicheren.
Einem mit einem Leben voller »Weils«.

Coldplay – Fix you

DU, DU, *du*

Ich werde niemals deinen Geruch vergessen
oder das Gefühl von deinem Körper auf mir.
Das alles hat sich in meinen Kopf gebrannt
und wie mein Herz panisch immer schneller
und schneller schlug.

Ich werde niemals vergessen,
wie sich dein Atem in meinem Gesicht angefühlt hat.
Wie es war zu kämpfen
und einfach nicht stark genug zu sein.
Zu schreien,
aber nicht laut genug zu sein.
Dein Keuchen in meinem Ohr zu hören.

Ich sehe dich
in jedem Schatten.
Ich höre deine Schritte
in jedem Geräusch in der Stille der Nacht.
Ich spüre deine Hände
auf meiner Haut
und habe das Gefühl,
dass ich das Echo deiner Berührung
niemals mehr loswerde.

Ich werde niemals die Fragen danach vergessen.
»Hast du ihn *irgendwie* ermutigt?«
»Hast du *vielleicht* falsche Signale gesendet?«
»Hat er *wirklich* verstanden, was du willst?«
»Hast du *klar* gesagt, was du möchtest?«
»Was hattest du an?«
»Hast du was getrunken?«
»Hast du geflirtet?«
»Hast du mit ihm getanzt?«
Und die Frage, die keiner gestellt hat,
obwohl sie sie irgendwie alle gestellt haben:
»Was hast du *falsch* gemacht,
damit es so weit kommen konnte?«

Lotte – So wie ich

VERSTEHEN

»Du musst das verstehen.«
Warum?
Warum *muss* ich das?
Warum bin ich die, die verstehen muss,
und nicht du?
Warum zählt mein Standpunkt weniger
als deiner?
Warum sind meine Gefühle weniger wert
als deine Argumente?

Nur weil ich anderer Meinung bin,
heißt das noch lange nicht,
dass ich intellektuell nicht dazu in der Lage bin
zu verstehen,
worum es dir geht.
Ein Teil von mir,
der kühle, logische Teil,
versteht dich durchaus.
Aber da ist eben auch dieser andere,
der emotionale Teil von mir,
der sich dieser kühlen Logik
einfach nicht unterordnen kann.

Ja, vielleicht ist es »unreif«
oder »kindisch« von mir,
mittels Emotionen zu argumentieren,
aber das gibt dir noch lange nicht das Recht,
dich über sie hinwegzusetzen.

Nur weil ich mich manchmal
von meinen Emotionen leiten lasse,
nur weil ich manchmal
scheinbar naive Vorstellungen davon habe,
wie unsere Welt sein sollte,
bedeutet das nicht,
dass meine Meinung wertlos ist.
Es bedeutet nicht,
dass du sie einfach vom Tisch wischen kannst,
dass du sie nicht ernst nehmen musst.

Ich habe ein Recht auf meine Gefühle,
genauso wie ich ein Recht auf meine Meinung habe,
ob sie dir gefällt oder nicht.
Also vielleicht bin nicht ich die, die verstehen *muss*,
sondern du.

Lotte – Alles okay (Gar nichts okay)

DIE ANGST *und das Leben*

Ich weiß, es gibt so vieles da draußen,
was dir Angst macht.
Ich weiß, das meiste davon
kann ich nicht mit deinen Augen sehen.
Ich kann nicht verstehen,
warum es dir Angst macht,
warum es dich erstarren
und zittern lässt.
Ich weiß nur, dass es so ist.

Ich weiß, für dich ist die Welt ein gruseliger,
gefährlicher Ort.
Deine Angst lässt dich blind werden
für die Wunder um dich herum.
Du kannst nichts dafür,
aber nichts wünsche ich mir mehr,
als dir irgendwie zu helfen,
ganz egal wie.

Ich will dir Sicherheit schenken.
Ich will dir Vertrauen schenken.
Ich will dir die Augen öffnen
für all die kleinen Wunder um uns herum.

Ich will dich lächeln sehen,
wenn ein Schmetterling an uns vorbeifliegt.
Ich will die Liebe in deinen Augen sehen,
wenn du einen Hund streichelst.
Ich will dein Erstaunen sehen,
wenn der Herbstwind die Blätter tanzen lässt.
Ich will dich strahlen sehen,
wenn der Schnee die Welt verwandelt.
Ich will dich die Sonnenstrahlen
auf deiner Haut genießen sehen.
Und ich will dabei zusehen,
wie du dein Herz verschenkst,
ohne Angst, dabei verletzt zu werden.

Ich will dich lieben sehen,
ohne Furcht.
Ich will dich träumen hören,
hingerissen von deiner möglichen Zukunft,
von deinen Plänen und Wünschen.
Ich will dir die Freiheit schenken,
dein Leben wirklich zu leben,
anstatt in der Angst gefangen zu sein.
Wenn ich bloß wüsste, wie.

Ich werde hier sein.
Jeden Schritt deines Weges.
Ich werde immer hinter dir stehen,
bereit, dich aufzufangen, wenn du strauchelst.

Ich werde dir immer und immer wieder beweisen,
dass du dich auf mich verlassen kannst.
Ich werde alles in meiner Macht Stehende tun,
damit du gegen deine Ängste kämpfen kannst.

Du hast es verdient, dein Leben so zu leben,
wie du es willst.
Du hast ein richtiges Leben verdient.
Und ich werde dich weiterhin
auf jedes kleine Wunder aufmerksam machen,
bis du sie eines Tages wirklich sehen kannst.

Kerri Brown – A Letter to my Daughter

FARBEN

In mir ist so viel Grau und Schwarz,
so viele Schatten,
dass ich mich manchmal
nicht mehr daran erinnern kann,
wie Farben überhaupt aussehen.

Es gibt so viele Schattierungen von Grau,
so viele Varianten von Schwarz,
sie sind nie einfach nur grau oder schwarz,
sie sind immer auch irgendwie mehr.
Sie sind ein Spiel aus Schatten und Licht
und so abwechslungsreich wie sie sein können,
sind sie aber niemals mehr als das:
Grau und Schwarz.

Manchmal kann ich einen kurzen Blick
auf einen Farbspritzer werfen,
nur für einen Augenblick,
ein paar Sekunden, nicht mehr.
Ein Spritzer Gelb,
etwas Grün,
manchmal auch Blau oder Rot.

Ich sehe sie
und für diesen Moment
erblüht die Hoffnung in meinem Herzen.
Meine Seele atmet auf
und ich glaube für diesen kurzen Augenblick,
dass sich vielleicht endlich etwas ändert,
dass die Farben vielleicht wirklich
in mein Leben zurückgekehrt sind.
Aber dann schwappt das Grau
wie eine Welle über Worte,
die in den Sand geschrieben wurden,
und wäscht sie fort,
als hätte es sie nie gegeben.
Und ich frage mich,
ob ich wirklich für diesen kurzen Moment,
diese wenigen Sekunden,
Farben gesehen habe
oder ob ich sie mir bloß eingebildet habe.

Habe ich sie gesehen
oder hat mir mein Gehirn einen Streich gespielt?
Wollte ich sie so unbedingt sehen,
dass ich dachte, ich hätte sie gesehen,
obwohl sie nie da gewesen sind?
Aber ganz tief in mir drin weiß ich,
dass ich sie gesehen habe,
auch wenn ich sie nicht festhalten konnte.

Auch wenn das Grau sie wie immer überlagert hat,
sie mir weggenommen hat,
sie waren da
und vielleicht ist das allein schon Fortschritt genug.

Vielleicht muss ich einfach nur geduldig sein,
bis dieses Grau und Schwarz in mir
irgendwann schwächer werden.
Bis sie die Farben nicht mehr überdecken können.
Wann wird das sein?
Weißt du es?

Hollow Coves – These Memories

Pusteblume

Manchmal kommt es mir vor,
als wäre ich eine Pusteblume.
Früher war ich mal ein Löwenzahn,
leuchtend gelb,
nachgiebig,
aber stark,
blutend, wenn man mich verletzt.

Heute bin ich nichts mehr davon.
Ich bin eine Pusteblume,
ein kräftiger Windstoß
und das, was von mir übrig ist,
verstreut sich über die Welt.
Und wenn der Wind sich legt,
ist nichts mehr da
außer ein leeres Gerippe.

So fühle ich mich oft,
als wäre einfach nicht mehr genug von mir da.
Als hätte ich nichts mehr zu geben.
Und könnte nicht einmal mehr bluten,
wenn ich verletzt werde.

Ich bin eine Pusteblume,
zu viele meiner Bestandteile
sind in alle Winde zerstreut
und für immer verloren.
Nichts und niemand
kann mich wieder zusammensetzen.
Ich kann nie wieder ein Löwenzahn werden,
kann die Zeit nicht zurückdrehen.

Ich bin eine Pusteblume,
bis der nächste Windstoß kommt
und der nächste
und der nächste
und irgendwann
bin ich nicht einmal mehr das.

Hollow Coves – The Woods

LILA

Noch immer bleibt jedes Mal mein Herz stehen,
wenn in der Post ein Brief von dir ist.
Das weißt du, oder?
Verwendest du deswegen die farbigen Umschläge?
Immer in Lila, meiner Lieblingsfarbe –
zumindest war das früher so.

Ich habe Lila geliebt.
Ich habe mir so viel lila in mein Leben geholt,
weil es mich glücklich gemacht hat.
Aber heute ist das nicht mehr so.
Du hast mir die Freude an Lila genommen,
so wie du mir so vieles anderes genommen hast.

Ich frage mich immer wieder,
ob dir das Freude macht.
Ob du all das mit Absicht tust
oder ob es Zufälle sind.
Ob du all das geplant hast
oder ob meine Reaktionen auf dich
alles nur noch schlimmer gemacht haben.

Deine Schrift auf dem Papier,
wie sorgfältig du meinen Namen

und meine Adresse geschrieben hast –
als wolltest du die Buchstaben liebkosen
und mir gleichzeitig beweisen,
dass du mich gefunden hast.
Wieder.

Jeder Brief ist ein Beweis dafür,
dass ich dir nicht entkommen kann.
Dass weglaufen nichts bringt.
Du findest mich, jedes Mal.
Und dein Lila verfolgt mich.

In jedem Brief versuchst du,
mich an die guten Zeiten zu erinnern,
aber manchmal frage ich mich,
ob es die jemals gab.
Für dich vielleicht schon,
aber was ist mit mir?
Gab es für mich schöne Zeiten mit dir?
Ja, gab es.
Aber sie sind schon lange vorbei.

Früher habe ich deine Briefe geliebt.
Ich habe deine Worte geliebt
und die Zeit, die du in die Briefe investiert hast,
nur um mir immer wieder deine Liebe zu zeigen.
Dass ich dir diesen Aufwand wert war,
dass ich besonders genug für dich war,

um dir so viel Mühe zu geben.
Ich habe ihren Inhalt geliebt,
deine Schrift,
deine Worte.
Habe vor Freude Tränen vergossen
und mich geliebt gefühlt.

Heute laufen mir auch die Tränen über die Wangen,
aber nicht aus Freude
oder Liebe,
sondern aus Angst.
Deine Briefe machen mir Angst.
Sie lassen mein Herz rasen
und jedes Wort gräbt sich in meine Seele,
weil ich weiß, dass du mich gefunden hast,
dass ich noch immer nicht von dir losgekommen bin.
Dass Freiheit nach wie vor eine Illusion ist.

Wirst du mich je in Ruhe lassen?
Wirst du je akzeptieren,
dass ich dich nicht mehr in meinem Leben haben will?
Werden die lila Briefe je aufhören?
Und wenn nicht,
werde ich je lernen,
nicht mehr mit Panik auf ihren Anblick zu reagieren?
Werde ich mir irgendwann Lila zurückerobern?
Wird es jemals wieder einfach bloß eine Farbe sein?

Und werde ich eines Tages wieder die sein,
die ich früher war?
Die, die ich vor dir war?

Ich stehe hier und starre auf den lila Umschlag
und ich kämpfe gegen die Angst.
Ich will nicht lesen, was du mir geschrieben hast.
Ich will nie wieder etwas von dir hören.
Ich will keine Angst mehr
vor meinem Briefkasten haben.
Ich will mich wieder auf Post freuen können.
Ich will Lila wieder zurück.
Ich will mich wieder zurück.
Aber ich weiß nicht,
ob irgendetwas davon jemals eintreten wird.
Ich hoffe es nur und das mit ganzem Herzen.

Lotte – So wie ich

DIE *Flut*

Ich weiß, du willst alles besser machen.
Du willst, dass es mir besser geht.
Aber das ist alles nicht so leicht.

Du kannst nicht einfach Pflaster
auf die Risse in meinem Herzen kleben.
Es reicht nicht,
Spachtelmasse auf meine Seele zu streichen.
Du kannst nicht mit einem Zauberstab herumwedeln
und alles ist vergessen
und verheilt.

Ich weiß, du willst mich ganz machen,
aber dieses ständige Versuchen
und Versagen
machen alles nur schlimmer.
Ich enttäusche dich jedes Mal
und dafür hasse ich mich selbst nur noch mehr.

Ich will so gern ganz für dich sein.
Ich will dir nicht immer so viele Sorgen machen.
Ich möchte die sein, die du verdienst.
Jemand, der Licht und Lachen in dein Leben bringt.

Ich habe kein Licht mehr
und manchmal frage ich mich,
ob ich vergessen habe, wie man lacht.

Ich bin keine Großbaustelle,
du kannst nicht einfach
einer bestimmten Abfolge von Schritten folgen
und am Ende bin ich fertig,
ganz
und normal.
Es ist zu viel passiert.
Zu viele meiner Bruchstücke sind zu klein,
um sie wieder zusammenzusetzen.

Ich weiß, du möchtest,
dass ich mich mit deinen Augen sehe.
Du willst, dass ich sehe, was dir an mir gefällt,
obwohl ich noch immer nicht glauben kann,
dass es etwas an mir geben kann,
was dich zu mir hinzieht.
Ich bin doch nur ich
und du bist so vieles.

Ich weiß nicht, ab wann
ich all dem nicht mehr standhalten konnte.
Wann mein Deich gebrochen ist.
Ich habe es nicht gleich gemerkt.

Es begann schleichend
und irgendwann war es zu spät
und ich ertrank.

Zuerst waren es nur Tropfen,
nur einzelne Wörter,
die mir nicht mehr aus dem Kopf gehen wollten.
Fett.
Hässlich.
Eklig.
Wertlos.

Dann wurde daraus ein Rinnsal,
ein Satz,
dann zwei,
dann drei.
»Wie kannst du nur so fett sein,
ekelst du dich nicht vor dir selbst?«
»Die Welt wäre so viel besser, ohne dich.«
»Warum tust du uns nicht allen einen Gefallen,
und bringst dich endlich um?«

Bevor ich wusste, was los war,
stieg mir das Wasser bis zum Hals.
Bis ich ihre Sätze nicht mehr ausblenden konnte
und sie Stück für Stück Löcher
in mein Herz
und meine Seele fraßen.

Ich ertrank in ihrem Hass,
ihrer Bosheit.
Ich strampelte und versuchte verzweifelt,
den Kopf über Wasser zu halten,
aber ich wurde immer müder
und müder
und irgendwann
fehlte mir die Kraft zu strampeln.

Ich ging unter,
aber ich bin nicht wirklich ertrunken.
Ich schluckte Wasser,
immer mehr und mehr,
und die Schwärze ihrer Worte
verfärbte meine Welt.
Sie sickerte in mein Blut,
in meine Gedanken,
und dämpfte alles um mich herum.

Ich kämpfe bis heute darum,
nicht vollständig
von der Dunkelheit verschlungen zu werden,
nicht in den Fluten ihres Hasses unterzugehen.
Und du weißt das.

Deine Arme halten meinen Kopf über Wasser.
Du strampelst weiter, wenn mir die Kraft ausgeht.
Du tust alles, um meine Risse zu kitten,

um wieder heil zu machen,
was vor so langer Zeit zerbrochen wurde.
Du flickst meinen Deich,
ein ums andere Mal,
damit nicht noch mehr Wasser nachläuft,
damit die Flut des Hasses endlich versiegt.
Du gibst nicht auf,
egal, wie viele neue Risse sichtbar werden,
sobald du einen geschlossen hast.
Dir macht die Dunkelheit keine Angst.

Du bist so geduldig mit mir,
so unterstützend.
Aber manchmal
machen es deine guten Absichten nur noch schlimmer.
Ich will dich nicht enttäuschen,
indem ich wieder in die Dunkelheit abdrifte
oder in einer Gedankenspirale festhänge.
Ich will dir keine Sorgen machen
und trotzdem tue ich es immer und immer wieder.

Das gibt mir das Gefühl, eine Versagerin zu sein.
Das lässt mich noch viel mehr
an meinem eigenen Wert zweifeln,
an dir und uns.
Daran, dass du bleiben wirst,
egal, wie oft es Rückschläge geben wird.

Du sagst es mir immer wieder,
aber verstehst nicht,
dass ihre Worte noch immer in mir sind
und manchmal einfach zu laut schreien,
um dich hören zu können.

Ich will besser sein.
Für dich.
Ich will ganz sein.
Für dich.
Ich will all die Dunkelheit
und Traurigkeit hinter mir lassen.
Für dich.
Ich will positiv sein.
Für dich.
Aber was noch wichtiger ist,
ich will es auch für mich selbst.

Also vielleicht gehören diese Rückschläge,
diese Zweifel,
dieser Selbsthass
einfach mit dazu?
Vielleicht muss ich an ihnen vorbei,
um mein Ziel –
unser Ziel –
zu erreichen?
Damit ich ganz sein kann für dich
und für uns.

Damit ich nicht mehr
von den Fluten unter Wasser gedrückt werden kann.
Damit ich mich nicht mehr
auf deine starken Arme verlassen muss,
sondern selbst mein eigener Rettungsring sein kann.

Emeli Sandé – Read all about it, pt. III

WAS BIN ICH *für dich?*

Ich habe so oft versucht, es dir zu sagen,
habe auf den richtigen Moment gewartet,
immer wieder angesetzt,
aber jedes Mal kam doch wieder etwas dazwischen,
war etwas anderes wichtiger als ich.

Ich habe versucht, es aufzuschreiben,
all das in Worte zu kleiden,
aber es wollte mir nicht gelingen.
Was soll ich denn noch tun,
wenn du es nicht schaffst,
dir fünf Minuten für mich Zeit zu nehmen?
Soll ich Rauchzeichen geben?
Soll ich dich packen und schütteln?
Dich an einen Stuhl fesseln?
Was soll ich tun?
Sag es mir und ich tue es.

Aber andererseits, warum muss ich das?
Warum muss ich dich dazu zwingen, mir zuzuhören?
Dir für mich Zeit zu nehmen?
Warum fällt es mir zu,
um deine Aufmerksamkeit zu kämpfen?

Warum kannst du sie mir nicht ab und an
einfach so schenken?
Warum muss ich mich deiner Zeit als würdig erweisen?
Kann es nicht genug sein,
da zu sein und dich darum zu bitten?

Du willst nicht zuhören.
Du willst dir keine Zeit für mich nehmen.
Was bin ich für dich?
Ein Möbelstück?
Etwas, das einfach zu deinem Leben,
deiner Wohnung dazugehört?
Bin ich ein Stuhl?
Ein Tisch?
Was bin ich für dich?
Denn mich siehst du schon lange nicht mehr.

Ich habe es jetzt verstanden.
Ich habe weiß Gott lang genug dafür gebraucht.
Ich rangiere auf deiner Prioritätenliste
nicht einmal unter ferner liefen.
Wenn ich dich anspreche,
gibst du mir immer das Gefühl zu stören,
lästig zu sein,
eine Belastung.
Vielleicht bin ich auch genau das für dich.
Eine Pflicht.
Aber ich habe mehr verdient als das.

Du willst mir nicht zuhören
und ich habe die Nase voll davon,
um deine Aufmerksamkeit zu konkurrieren.
Also mache ich es kurz:
Ich werde meine Sachen nehmen und gehen
und vielleicht finde ich jemanden,
von dem es nicht zu viel verlangt ist,
mir fünf Minuten seiner Zeit zu schenken,
oder vielleicht auch zehn
oder gar mehr als eine Stunde.
Wann haben wir zuletzt
eine Stunde miteinander verbracht,
ohne zu schlafen?
Richtig, ich weiß es auch nicht mehr.

Ich wünsche dir nichts Böses,
aber bleiben kann ich auch nicht mehr,
nicht, wenn ich für dich unsichtbar bin,
unwichtig.
Ich bin kein Stuhl.
Ich bin kein Tisch.
Ich bin kein Möbelstück.
Ich bin ich und ich fange jetzt ein neues Leben an.
Ohne dich.

Demi Lovato – Anyone

Du *und der Weg*

Lange Zeit warst du mein Traum,
das, worauf ich über Jahre hingearbeitet habe.
Der letzte Schritt auf dem mir vorgezeichneten Weg.
Ich dachte, ich wüsste ganz genau,
wo ich hingehöre,
wo mein Platz ist,
was ich mit dem Rest meines Lebens tun würde.
Ich dachte,
ich wäre nur noch einen Schritt davon entfernt,
dabei hatte ich keine Ahnung.

Ich hatte mich verrannt.
Hatte mich mit Feuereifer hineingestürzt
und alles meinem Ziel und dir untergeordnet.
Ich wollte alles perfekt machen.
Ich wollte mir beweisen, dass ich dazugehöre,
dass ich am richtigen Ort bin,
den richtigen Weg eingeschlagen habe,
dabei waren alle Zeichen da,
ich wollte sie nur nicht sehen.

Ich lag falsch.
Ich lag so vollkommen falsch.

Der richtige Weg
fühlt sich nicht so verkehrt an.
Der richtige Weg
ist nicht mit Selbstzweifeln gepflastert.
Der richtige Weg
macht dich nicht langsam, aber sicher krank.

Ich war schon immer so.
Immer voran.
Niemals stehen bleiben.
Die Augen stets auf ein bestimmtes Ziel gerichtet
und dann volle Kraft voraus.
Ich habe immer alles gegeben,
immer hundert Prozent.
Und jedes Mal,
wenn diese hundert Prozent nicht genug waren,
wenn sie jemand für weniger hielt,
brach mein Herz ein kleines Stückchen mehr
und meine Seele
krümmte sich unter dem Schmerz zusammen.

Ich habe nicht verstanden,
dass es nicht so sein muss.
Dass ich vielleicht irgendwo auf dem Weg
ein Mal darauf hätte hören müssen,
was mich wirklich glücklich macht.
Was mich erfüllt und meine Seele jauchzen lässt.
Aber das habe ich nicht.

Ich hatte Scheuklappen auf
und habe den Blick nie schweifen lassen,
nie nach rechts oder links geschaut.

Ich habe mich kaputtgemacht,
mich an den Rand des Abgrunds getrieben,
ohne es zu bemerken.
Ich habe nicht erkannt,
dass all diese Gefühle, die ich hatte,
all die Selbstzweifel, die mich verschlangen,
aus einem ganz bestimmten Grund da waren.
Nicht, um überwunden zu werden,
wie es bei Hindernissen auf dem Weg eben so ist.
Sie waren Warnleuchten.
Sie waren Hinweise.
Sie haben versucht, mir klarzumachen,
dass ich den falschen Weg verfolgte,
auch wenn ich das nicht sehen wollte.

Ich habe lange gebraucht, um das zu verstehen.
Ich habe viel gelitten
und noch mehr geweint.
Habe mich mit meinen Erwartungen
bis zur Erschöpfung angetrieben
und mir ständig vorgeworfen,
andere zu enttäuschen.
Ich habe immer weitergemacht
und weitergemacht

und weitergemacht,
bis ich eines Morgens aufstand und erkannte,
wie kaputt ich mich eigentlich gemacht hatte.

Ich war so unendlich müde.
So erschöpft
und gleichzeitig so enttäuscht von mir selbst,
weil da plötzlich
dieser Gedanke in meinem Kopf war.
Der Gedanke, alles hinzuwerfen,
den Weg zu verlassen,
dich zu verlassen
und einen neuen Weg einzuschlagen,
einen radikalen Weg.
Ich war plötzlich bereit, das Risiko
gegen die Sicherheit einzutauschen,
weil sich sicher nicht mehr sicher angefühlt hat,
sondern nur noch belastend.

Ich habe es getan.
Ich habe einen Neuanfang gewagt.
Ich habe das, was mich strapaziert hat,
was mich kaputtgemacht hat,
gegen das getauscht,
was schon immer mein Anker gewesen ist.
Das, was jeder immer nur als ein Hobby abgetan hat,
das, was für viele andere ein Traum ist,
weil sie sich

wie ich früher
nicht trauen,
einfach den Sprung zu wagen.

Ich bin den unkonventionellen Weg gegangen.
Ich habe mein Leben auf links gedreht.
Aber allein die Tatsache,
dass ich mich nach all der Zeit
so einfach von dir lösen konnte,
dich in meinem Rückspiegel hinter mir lassen konnte,
war Beweis genug,
wie sehr ich mich innerlich
bereits von dir distanziert hatte
und von der Zukunft,
die ich mir so lange erträumt
und ausgemalt hatte.
Ich habe die Schuhe,
die zwar wunderschön waren
und elegant,
die mir nie so richtig gepasst hatten,
gegen bequeme ausgelatschte Treter getauscht,
die zwar alles andere als elegant sind,
aber besser passen,
als alle andere es jemals getan haben.

Ich habe mich erst verloren,
bevor ich mich gefunden habe.
Ich habe mich selbst an den Abgrund getrieben,

mich unter Druck gesetzt,
immer und immer wieder,
versucht, in eine Welt zu passen,
die sich nie richtig angefühlt hat.
Ich habe so viel Energie in dich gesteckt,
weil du mir doch den Weg in meine Zukunft ebnen,
und meine Eintrittskarte sein solltest,
bis nicht mehr genug Energie für mich selbst übrig war.
Du hast mich ausgesaugt.
Du warst einfach nie das Richtige für mich,
obwohl ich das über Jahre nicht sehen wollte.

Ich schreibe diese Zeilen, um Abschied zu nehmen.
Von dir.
Von dieser Welt, die nie wirklich die meine war.
Von mir.
Von der Version von mir, die ich hätte sein können
und die ich nun niemals sein werde.
Und von der Version, zu der ich geworden war
und die ich niemals wieder sein will.
Leb wohl, mein früherer Traum.
Leb wohl, meine Dissertation.

Andreas Bourani – Hey

ICH *weiß*

Ich weiß, wie es ist, anders zu sein,
nicht der Norm
oder den Erwartungen anderer zu entsprechen.

Ich weiß, wie es sich anfühlt,
sich unvollkommen
und mangelhaft zu fühlen.

Ich weiß, wie es ist,
sich danach zu verzehren,
endlich dazuzugehören
und doch immer unangenehm aufzufallen.

Ich weiß, wie es ist,
wenn man sich allein auf der Welt fühlt,
unverstanden,
nur mit diesen ständigen Selbstzweifeln
als Gesellschaft.

Ich weiß, wie es ist, sich ständig zu fragen,
was man denn falsch macht.
Warum man immer nur aneckt,
egal, wie sehr man sich auch bemüht,

in der Masse unterzugehen.
Ein Teil der Masse zu werden.

Ich weiß, wie es ist, andauernd an sich zu zweifeln,
jedes Wort eines anderen zu hinterfragen
und nach versteckten Botschaften zu suchen.

Ich weiß, wie es ist, das Vertrauen zu verlieren,
in sich,
in andere,
in die Welt.

Ich weiß, wie es ist, immer wieder
»gut gemeinte« Ratschläge zu bekommen,
die nicht helfen,
sondern alles nur noch schlimmer machen.

Ich weiß, wie es ist,
sich wie eine Enttäuschung zu fühlen
und das Gefühl zu haben,
dass sich das niemals ändern wird.

Ich weiß, wie es ist, die Hoffnung zu verlieren.
Darauf, dass es irgendwann besser wird.
Dass man irgendwann vielleicht doch seinen Platz,
seine Nische finden wird.

Ich weiß, wie hart das alles sein kann.
Ich habe das alles selbst erlebt.
Und ich kann dir nicht versprechen,
dass eines Tages eine gute Fee auftaucht
und mit einem Schwung ihres Zauberstabs
ist alles wieder gut
und aller Schmerz vergessen.
Aber ich kann dir versprechen,
dass du irgendwann deinen Platz finden wirst,
auch wenn du vielleicht nicht sofort erkennen wirst,
dass es so ist.
Denn deine Nische
kann auch aus einigen wenigen Menschen bestehen.
Das weiß man vorher nie.

Irgendwann wirst du sie finden
und es wird sich richtig und sicher anfühlen.
Es wird dauern,
bis die Stimmen und die Zweifel leiser werden,
aber irgendwann
werden die Stimmen der anderen lauter.
Die, die dich so mögen, wie du bist.
Die, die dich respektieren
und deine Meinung schätzen.
Die, die dich als eine der Ihren
bei sich willkommen heißen.
Ich weiß, es fühlt sich an wie eine naive Hoffnung,
ein Wunschtraum,

aber vertrau mir in diesem Punkt einfach.
Hab Geduld und gib dich nicht auf.
Sie sind irgendwo da draußen
und eines Tages wirst du sie finden.
So wie ich die meinen gefunden habe.

M83 – Wait

DIE SELBSTVERSTÄNDLICHKEIT

von Freiheit

Wir leben in Zeiten des Umbruchs,
des Aufbruchs.
Viele Jahre,
ja, Jahrzehnte,
nahmen wir unsere Freiheiten als gegeben hin,
als unser Recht,
als etwas, das sich niemals ändern würde.
Dass vielen Menschen diese Freiheiten,
diese Rechte bis heute verwehrt werden
und die Freiheiten
und Rechte anderer bedroht werden,
haben wir verdrängt oder ignoriert.
Es war weit weg,
bis es das nicht mehr war.

Jetzt herrscht Krieg vor den Toren Europas,
Kriegsverbrechen erschüttern die Gemüter
und es ist eben nicht mehr ganz weit weg.
In anderen Teilen der Welt
beflügelt die Revolution die Menschen,
die eine Chance darauf sehen,
dass sich endlich etwas verändert.
Doch zu welchem Preis?

Manche kämpfen in Schützengräben
um ihr Heimatland,
ihre Lieben,
ihr Leben, wie es früher war.
Andere harren in zerbombten Städten
und Dörfern aus,
versorgen Verletzte
oder versuchen, einfach nur zu überleben.

Manche gehen auf die Straßen,
demonstrieren trotz Wasserwerfern
und Tränengas,
trotz Polizei
und Militärgewalt,
trotz Lebensgefahr
und Todesstrafe.
Seit wann ist es ein Verbrechen,
sich ein besseres Leben zu wünschen?
Wie kann es sein,
dass Menschen ihr Leben verlieren,
die bloß sagen wollen, was sie denken?
Die selbst entscheiden möchten,
wie streng sie die Regeln
ihrer Religion auslegen wollen?
Wie kann es sein, dass ihnen noch immer
grundlegende Freiheitsrechte verweigert werden,
bloß weil es eine Gruppe alter Männer so will?

Ist die ganze Welt verrückt geworden?
Krieg,
Tod,
Zerstörung,
Leid,
Schmerz –
wofür?

Warum können wir nicht in Frieden leben?
Warum bringen wir Leid über andere,
bloß weil wir wollen, dass sie tun, was wir sagen?
Ein Land hört nicht einfach auf zu existieren,
nur weil ein Mann sein Territorium haben will.

Der Wunsch, die Sehnsucht nach Freiheit,
nach Selbstbestimmung
verschwindet nicht einfach,
bloß weil man mit Knüppeln
auf die Menschen einschlägt.
Er brennt weiter,
tief in ihren Herzen,
ebenso wie die Hoffnung,
dass dieser Aufstand,
diese Revolution,
endlich einen Unterschied machen
und die so dringend ersehnte Veränderung
mit sich bringen wird.

Aber mit wie viel Blut
muss für die Freiheit bezahlt werden?
Wie viele Leben werden zerstört oder gar vernichtet,
um diese grundlegenden Rechte zu erkämpfen,
die doch eigentlich wir alle
unser eigen nennen sollen müssten?
Wann wird es endlich genug sein?
Wann wird es endlich Freiheit
und Selbstbestimmung
für alle geben?
Wann wird dieser ständige Kampf ein Ende haben?

Wann werden die sinnlosen Kriege enden?
Wann werden Einzelne endlich aufhören,
ganze Völker ins Unglück zu stürzen,
nur weil sie einfach nicht genug kriegen können?
Weil sie mehr Geld wollen,
mehr Land,
mehr Rohstoffe,
mehr Prestige,
mehr Ruhm,
mehr – keine Ahnung was.
Wann wird es endlich genug sein?
Oder wird es immer
irgendwo auf der Welt weitergehen?
Sind wir Menschen überhaupt
für dauerhaften Frieden gemacht?

Ich jedenfalls wünsche es mir.
Es wurde bereits genug gelitten,
genug gestorben,
genug verloren.
Es wird Zeit, dass sich die Welt endlich ändert,
dass sie sich verbessert.

Aber sie wird es nicht von allein tun.
Sie braucht unsere Hilfe dabei.
Wir müssen uns ändern,
damit sie es tun kann.

Wir müssen aufhören,
unsere Freiheiten
als Selbstverständlichkeit anzusehen,
sondern sie als das Privileg erkennen,
das sie sind.

Wir müssen jene,
denen dieses Privileg nicht vergönnt ist,
in ihrem Streben unterstützen.

Freiheit.
Selbstbestimmung.
Das sind nicht bloß Wörter.
Füllen wir sie mit Bedeutung,
mit Solidarität,
mit Unterstützung,

mit Aufmerksamkeit,
mit Schlagzeilen
und einem öffentlichen Aufschrei,
wenn diese Rechte,
die uns doch allen zustehen sollten,
mit Füßen getreten werden.

Die Zeit für Veränderung ist jetzt.
Nicht morgen,
nicht übermorgen,
jetzt.

Shervin Hajipour – Baraye

VERGEBUNG

Ich weiß, Vergebung ist wichtig.
Beziehungen funktionieren nicht,
wenn jeder immer seine Verletztheiten pflegt
und daran festhält,
komme, was wolle.

Aber es gibt auch Dinge,
die man nur schwer verzeihen kann,
und andere, bei denen ich mich frage,
ob man sie überhaupt jemals verzeihen kann,
selbst wenn man es von ganzem Herzen will.

Manches brennt sich einem in die Seele
und egal, wie sehr wir es wollen,
die Narben schmerzen weiter,
auch wenn die Verletzung schon Jahre alt ist.

Man kann dem anderen nicht alles
immer wieder und wieder vorhalten,
was er irgendwann einmal gesagt oder getan hat.
Selbst verletzende Worte
und Taten können verziehen werden.

Aber es gibt auch Dinge,
die man vielleicht vergeben will,
die einem aber so lebendig im Gedächtnis bleiben,
deren Schmerz einfach nicht vergehen will
und die unsere Beziehungen
nachhaltig verändert haben.

Beziehungen wachsen an Konflikten,
sie werden robuster, stärker.
Aber nur dann,
wenn man diese magische Grenze nicht überschreitet.
Nur solange man den anderen
nicht nachhaltig verletzt
oder den Respekt voreinander verliert.
Ist das einmal geschehen, wird es schwer,
die Beziehung noch zu retten.

Beide müssen willens sein,
Kleinigkeiten zu verzeihen
und größere Dinge offen anzusprechen.
Lässt man die Wunden immer weiter schweren,
ist irgendwann der Punkt erreicht,
an dem es kein Zurück mehr gibt.

Steht zu euren Verletzungen.
Sprecht sie an.
Entschuldigt euch ehrlich,
wenn ihr zu weit gegangen seid.

Und akzeptiert es,
wenn keine Vergebung mehr möglich ist.
Das ist immer noch besser,
als umeinander herumzuschleichen
mit Groll in unseren Herzen.

KLAN feat. Mia – Nie gesagt

DAS *Gleichgewicht*

Es gibt Tage, an denen fühlt es sich an,
als hätten wir als Einzige den Durchblick.
Als wären wir die Einzigen,
die sehen und verstehen,
was wirklich abgeht.
Als würden nur wir die Welt so sehen,
wie sie wirklich ist.
Und an anderen Tagen frage ich mich,
ob nicht in Wirklichkeit wir diejenigen sind,
die überhaupt nichts verstehen.

Für uns ist die Welt so oft ein bedrohlicher Ort,
ein Ort, an dem es verflixt schwer ist,
den Hoffnungsfunken in sich
am Glimmen zu erhalten.
Wir sehen all die Probleme und Krisen,
all die Menschen, die etwas bewirken könnten,
die die Welt zu einem besseren Ort machen könnten,
aber sich dafür entscheiden, es nicht zu tun.
Wir sehen Sorgen und Zukunftsängste,
allgegenwärtige Bedrohungen und Gefahren.
Wann haben wir aufgehört, innezuhalten
und den Schmetterlingen beim Tanzen zuzusehen?

Wann haben wir aufgehört,
das Licht zwischen den Schatten zu sehen
und es zu schätzen?

Haben wir den Durchblick
oder sind in Wirklichkeit wir die,
die blind sind für das,
was uns umgibt?
Haben wir uns so sehr darauf versteift,
nur das Negative zu sehen,
dass wir verlernt haben,
nach Regenbögen Ausschau zu halten?

Natürlich ist es wichtig,
die Geschehnisse auf der Welt im Blick zu behalten.
Wir können nicht mit Scheuklappen
durch unser Leben gehen.
Aber wenn unser Leben nur
aus einer Aneinanderreihung
von Hiobsbotschaften besteht,
wenn eine negative Schlagzeile die nächste jagt,
was macht unser Leben dann noch lebenswert?

Ich habe keine Lust mehr darauf,
ständig deprimiert zu sein,
mir immer wieder und wieder Sorgen zu machen.
Ich will mein Leben genießen,
so gut es eben geht.

Ich werde nicht die Augen vor dem verschließen,
was auf der Welt passiert,
aber ich werde mir meine Lebensfreude
nicht von der Realität rauben lassen.

Ich will Schmetterlingen beim Tanzen zusehen.
Ich will mir die Zeit nehmen,
Regenbögen zu bewundern.
Ich will nicht blind werden
für die kleinen Wunder um mich herum.

Es gibt eine Zeit für Sorgen und Ängste,
aber genauso auch eine für Freude und Lächeln.
Ich bin immer noch
auf der Suche nach dem Gleichgewicht,
doch ich werde es irgendwann finden,
das Gleichgewicht zwischen Realität und Leben.
Ich glaube fest daran.

Elif – Schön, dass es dich gibt

LIEBE

Liebe spielt eine zentrale Rolle in unser aller Leben,
entweder weil wir sie empfinden
und nicht verlieren wollen,
oder weil wir uns nach ihr sehnen.
Bücher, Filme, Lieder, sie alle reden uns ein,
dass unser Leben erst vollständig ist,
wenn wir diesen einen Menschen gefunden haben,
diese eine Person,
die wir lieben und die uns liebt.

Die Liebe wird als das große Ziel ausgelobt,
aber nicht allen von uns ist es vergönnt,
sie auch zu finden.
Manch einer verzweifelt daran,
sehnt sich danach
und spürt jeden Tag seine oder ihre Einsamkeit.
Manch einer ist aber auch allein ganz glücklich.
Natürlich gibt es Momente,
in denen man sich einen Partner wünscht,
jemanden, der einen unterstützt,
oder einfach eine Schulter zum Anlehnen.
Aber sie genießen ihr Leben,
auch ohne die Liebe.

Verliebt zu sein fühlt sich wundervoll an,
aber nicht jede Beziehung ist dafür gemacht,
für immer zu halten.
Nicht jedes Wir bleibt für immer.
Ja, das tut weh.
Aber ist es nicht besser
zu versuchen allein sein Glück zu finden,
anstatt es von jemand anderem abhängig zu machen?
Anstatt bei jemandem zu bleiben,
den man gar nicht mehr liebt,
nur um nicht zugeben zu müssen,
dass es so ist?

Liebe macht uns zu Idioten.
In ihrem Namen tun wir dumme Dinge,
leichtsinnige Dinge,
Dinge, die wir sonst
nicht einmal im Traum tun würden.
Um jemanden, in den wir verliebt sind,
zu beeindrucken,
sind wir bereit, die verrücktesten Dinge zu tun.
Aber ist das auch gesund?
Soll Liebe einen nicht erfüllen,
anstatt einen zu stressen?
Soll man sich nicht beim anderen wohlfühlen,
anstatt ständig zu versuchen,

demjenigen zu beweisen,
dass unsere Liebe gut genug ist,
um zu bleiben?

Aus Liebe sind wir bereit, Dinge zu verzeihen,
die wir sonst nicht verzeihen würden.
Wir räumen Chance um Chance ein,
viel mehr und viel länger,
als es eigentlich gut für uns wäre.
Alles im Namen der Liebe.
Alles, um diesem Ideal nahezukommen,
nach dem wir doch alle streben sollen.
Aber was, wenn wir ohne Liebe,
ohne Partner, glücklicher sind
als mit?
Was dann?

Moncrieff – Warm

Glück

Unser Leben besteht aus Millionen kleiner Momente,
manche gut, manche weniger gut,
manche furchtbar, manche traurig,
aber manche sind außergewöhnlich,
denn in manchen finden wir ein Quäntchen Glück.

Ein Mensch lebt im Durchschnitt
2.504.411.136 Sekunden.
Wie viele davon willst du unglücklich verbringen?
Wie viele davon willst du mit deinem Leben hadern,
anstatt es zu leben?

Wir können nicht warten, bis alles perfekt ist,
um glücklich zu sein.
Wir müssen unser Glück selbst finden,
in jedem Tag,
in jedem kleinen Moment,
der uns ein Lächeln aufs Gesicht zaubert,
denn es wird nie absolut perfekt sein.
Es wird immer irgendetwas geben,
das uns stört.
Willst du wirklich dein ganzes Leben leben,
ohne jemals glücklich gewesen zu sein?

Ohne innezuhalten
und einfach den Moment zu genießen,
dich selbst und die Tatsache,
dass du am Leben bist,
zu feiern?

Ich will nicht mehr das sehen,
was nicht perfekt ist.
Ich will mich nicht mehr auf das konzentrieren,
was mich runterzieht.
Ich will jeden noch so kleinen Moment genießen,
in dem ich glücklich bin,
selbst wenn es nur fünf Minuten sind.
Ich will mich vom Glück
und der Freude tragen lassen,
weil das Leben oft genug hart ist
und ungerecht
und gemein.

Ich will nicht über alles nachgrübeln,
was mich traurig macht.
Ich will die Musik aufdrehen
und mich im Moment verlieren.
Ich will tanzen, wenn mir nach tanzen ist.
Ich will singen, wenn ich singen will.
Ich will lachen, weil ich glücklich bin,
egal, wie unpassend der Augenblick auch sein mag.

Ich will auf und ab hüpfen,
weil mir ein Buch gefällt
und diese Freude einfach rausmuss.
Ich will ich sein.
Glücklich sein.
Egal, ob für fünf Minuten oder eine Stunde,
für einen Tag oder eine Woche,
ganz egal.
Ich will es genießen,
weil ich dankbar dafür bin,
überhaupt diese Momente empfinden zu dürfen.

Glück ist vergänglich,
aber das muss nichts Schlechtes bedeuten.
So schnell wie es verschwindet,
kann es auch zurückkommen.
Glück ist überall,
wir müssen uns nur die Zeit nehmen
und diese Momente voll auskosten.
Sie sind wertvoll,
besonders
und kostbar.

Nightbirde – It's okay (Live MHS Studios)

Glück ist vergänglich,

aber das muss nichts

Schlechtes bedeuten.

Manyfacts by Buechernwurmlettering

OKAY *und nicht okay*

Immerzu sagst du, es gehe dir gut,
dabei kann ich doch deutlich sehen,
dass es nicht so ist.
Diese Krankheit saugt mehr und mehr
das Leben aus dir heraus,
während du praktisch vor meinen Augen
immer dünner und dünner wirst.

Es gehe dir gut,
das sagst du jedes Mal,
wenn dich jemand fragt.
Du warst noch nie der jammerige Typ.
Du wolltest immer nur,
dass alle um dich herum glücklich sind.
Du hast es immer gehasst,
wenn sich jemand um dich sorgt.

Es gehe dir gut, hast du gesagt,
während die Schmerzen
immer größer wurden
und dein Optimismus schwand.

Du hast deinen Frieden damit gemacht,
hast du versichert
und uns allen damit das Herz gebrochen.

Es ist nicht okay,
dass dir diese Krankheit das Leben nimmt.
Es ist nicht okay,
dass sie dich aus unserer Mitte reißt.
Es ist nicht okay,
dass das Einzige, worauf du dich noch freust,
der Tod ist,
weil es dann nicht mehr wehtut.
Es ist nicht okay.
Es ist verdammt ungerecht.

Es ist nicht okay,
dass du immer einen auf tapfer machst,
um uns die Sorge zu nehmen.
Du darfst wütend sein.
Du darfst die Welt verfluchen.
Du darfst schreien und weinen,
weil es nicht okay ist,
in deinem Alter so eine Diagnose zu bekommen.

Es ist okay,
um das Leben zu trauern,
das du hättest haben sollen.

Es ist okay,
alles zu vermissen,
was du einst geliebt hast
und jetzt nicht mehr tun kannst.
Es ist okay.
So lange warst du stark für uns,
jetzt lass uns zur Abwechslung einmal
stark für dich sein.
Es ist okay.

Ich weiß nicht,
was mit uns geschieht,
wenn wir dieses Leben verlassen.
Ich weiß nicht,
welche der Religionen recht hat
oder ob sie alle falschliegen.
Ich weiß nicht,
wie und ob es danach mit uns weitergeht.
Aber ich weiß,
dass du mir unglaublich fehlen wirst.
Es wird für immer ein Loch in meinem Leben
und meinem Herzen geben,
wo du so lange warst.
Aber ich hoffe, dass, wenn es so weit ist,
du wirklich deinen Frieden findest.
Es ist okay,
auch wenn so vieles nicht okay ist.

Es ist okay,
solange du okay bist.
Es ist okay,
Hauptsache du hast keine Schmerzen mehr.
Es ist okay.

Nightbirde – It's okay (Live MHS Studios)

Soundtrack

ZAYN feat. Sia – *Dusk till dawn*
Moncrieff – *Warm*
Black Eyed Peas – *Where is the love?*
Max Giesinger – *Immer wenn wir uns sehn*
Lotte – *Gewinner*
SDP – *Kurz für immer bleiben*
SDP – *Unikat*
Floor Jansen – *Unikat*
Sleeping at Last – *Saturn*
Johannes Oerding – *Flugmodus*
Lotte – *Nur mir*
Elif – *Unter meiner Haut*
Elif – *Mein Babe*
Until the Ribbon Breaks – *One way or another*
Sleeping at Last – *In the Embers*
Kelvin Jones – *Cry a little less*
Lotte – *So wie ich*
Lotte – *Dunkelrot zu schwarz*
Ruelle (feat. Fleurie) – *Carry you*
Linda & Elif – *How to fall in love*
Billie Eilish – *When the Party's over*
Johannes Oerding & Lotte – *Dunkelrot zu schwarz*
Johannes Oerding – *Blinde Passagiere*
SDP & Floor Jansen – *Amaranth*
Simply Three – *DNA*
Amos Lee – *Colors*
Hozier – *Work Song*
Daniel Cage – *Help me*
Lotte – *Cry a little less*
SDP – *Keinen Zentimeter*
Lotte – *Alles okay (Gar nichts okay)*

James Blunt – *Fall at your feet*
Coldplay – *Fix you*
Kerri Brown – *A Letter to my Daughter*
Hollow Coves – *These Memories*
Hollow Coves – *The Woods*
Emeli Sandé – *Read all about it, pt. III*
Demi Lovato – *Anyone*
Andreas Bourani – *Hey*
M83 – *Wait*
Shervin Hajipour – *Baraye*
KLAN feat. Mia – *Nie gesagt*
Elif – *Schön, dass es dich gibt*
Nightbirde – *It's okay (Live MHS Studios)*

Eine YouTube-Playlist mit allen Songs findet ihr hier:

DARK ROSE – Gedanken, Gefühle, Gedichte
Andrea Benesch

Taschenbuch: 9783903248649, 360 Seiten, € 16,90
E-Book: 9783903248489, € 6,99
Hardcover: € 19,90 (nur auf www.andrea-benesch.de)

Verlag SchriftStella

Erschienen im Juni 2020

Was machst du, wenn sich die Gedanken in deinem Kopf überschlagen? Wenn sich die Gefühle zu einer gigantischen Welle auftürmen und alle Dämme zu brechen drohen?

Ich schreibe. Zeile um Zeile, Strophe um Strophe, Gedicht um Gedicht banne ich meine Gedanken, meine Gefühle, meine Seele auf Papier. Ich schließe sie ein und verarbeite, was mich sonst zu übermannen versucht.

Ich hoffe, meine Worte berühren dich, begleiten dich und bedeuten dir so viel wie mir.

Dark Rose bin ich und vielleicht auch ein kleines bisschen du?

TINTENTRÄNEN –
Gefühle auf Papier
Andrea Benesch

Taschenbuch: 9783903248496,
200 Seiten, € 9,90
E-Book: 9783903248564,
€ 2,99
Hardcover: € 12,90 (nur auf
www.andrea-benesch.de)
Verlag SchriftStella

Erschienen im November 2020

Wie gehst du mit Gefühlen um? Wenn die Emotionen hohe Wellen schlagen und der Schmerz einfach zu groß wird? Ich schreibe. Ich verwandle meine Gefühle in Tintentränen und lasse sie aus mir fließen, bis der Druck nachlässt. Ich schließe meinen Schmerz, meine Trauer, all meine Gefühle in meinen Worten ein und banne sie auf Papier.

Das ist meine Art, mit dem Schmerz umzugehen. Die Worte kommen zu mir, wann immer mir alles zu viel wird. Sie tauchen in meinem Kopf auf und sorgen dafür, dass ich mir alles von der Seele schreiben kann. Sie sind meine Rettungsleine, mein Fels in der Brandung, mein sicherer Hafen.

Vielleicht können sie das auch für dich sein. Fang meine Tintentränen auf, lass sie in dein Herz und ich hoffe, sie können auch dir dabei helfen, so manches zu verstehen und zu verarbeiten. Das wäre mein größter Wunsch.

PAPERCUTS –
Tränen, Worte, Gedichte
Andrea Benesch

Taschenbuch: 9783753402826,
208 Seiten, € 9,90
E-Book: 9783753466989,
€ 2,99
Hardcover: € 12,90 (nur auf
www.andrea-benesch.de)

Erschienen im Februar 2021

Manche Wunden reichen tief. Sie hinterlassen Narben.
Schnitte auf der Seele, wie Papercuts. Sie sind klein, aber sie
brennen ganz fürchterlich. Und manchmal bluten sie sogar.

In meinem Fall bluten sie Worte und Tinte.

Tropfen um Tropfen formen sie Buchstaben und Worte, Ge-
dicht um Gedicht. Sie sind ein Teil von mir und wenn du sie
liest, werden sie auch ein Teil von dir.

Lass dich mitnehmen auf eine Reise durch meine Seele und
vielleicht erkennst du auch ein Stück von dir in meinen Wor-
ten.

**SEELENSPLITTER –
Gedanken, Worte,
Gedichte
Andrea Benesch**

Taschenbuch: 9783753496238,
214 Seiten, € 9,90
E-Book: 9783754309636,
€ 2,99
Hardcover: € 12,90 (nur auf
www.andrea-benesch.de)

Erschienen im Mai 2021

Meine Seele ist zersplittert, das ist sie schon lange. Viele scharfkantige Splitter und ich mittendrin bei dem Versuch, sie irgendwie zu kleben.

Dieses Buch enthält einige dieser Splitter – vielleicht muss ich sie alle zwischen Buchdeckel legen, damit sie sich wieder verbinden. Was denkst du?

Meine Worte sind der Klebstoff, der sie wieder zusammenfügt.

Traust du dich, die Splitter meiner Seele zu lesen? Sie vielleicht sogar in dein Herz zu lassen?

BETWEEN DARKNESS AND LIGHT – Gedichte
Andrea Benesch

Taschenbuch: 9783754316719, 204 Seiten, € 9,90
E-Book: 9783754362693, € 2,99
Hardcover: € 13,90 (nur auf www.andrea-benesch.de)

Erschienen im September 2021

Wenn die Dunkelheit ihre Finger nach mir ausstreckt und versucht mich in den Abgrund zu ziehen, kommen jedes Mal die Worte zu mir. Sie reichen mir die Hand und helfen mir, die Dunkelheit in mir zurückzudrängen. Aber sie ist immer da und lauert auf den nächsten schwachen Moment.

Wie gehst du mit negativen Gefühlen um?

Ich verwandle sie in Gedichte. Ich lasse sie zusammen mit der Dunkelheit, die auf meiner Seele liegt und mich zu ersticken droht, aus mir herausfließen. Ich mache aus ihnen Tinte auf Papier, sperre die Gefühle in meine Worte ein.

Bist du bereit, diesen Teil meiner Seele an dich heranzulassen? Bist du willens, meine Worte in dein Herz zu lassen?

DROPS OF HOPE AND FEAR – Gedichte
Andrea Benesch

Taschenbuch: 9783754349144, 208 Seiten, € 9,90
E-Book: 9783755717843, € 2,99
Hardcover: € 13,90 (nur auf www.andrea-benesch.de)

Erschienen im Dezember 2021

Welches Gefühl denkst du, lähmt uns mehr: Hoffnung oder Angst? Welches der beiden ist verheerender, gefährlicher für uns?

Ich glaube, sie sind zwei Seiten einer Medaille. Ohne Hoffnung können wir nicht leben, aber durch sie geben wir der Angst immerzu Nahrung; denn zeig mir einen Menschen, der keine Angst davor hat, die Hoffnung zu verlieren.

Auch mein Leben wird bestimmt von dem Gleichgewicht zwischen Hoffnung und Angst. Es gibt genug Dinge, die mir Hoffnung schenken, aber auch mindestens genauso viele, die mir Angst machen.

Ich schreibe beide aus mir heraus, in der Hoffnung, dass ich sie auf diese Weise loslassen kann, damit die Waage niemals in die falsche Richtung kippt. Ein Leben ohne Hoffnung, ist das überhaupt ein Leben?

Bist du bereit, von meinen Hoffnungen und Ängsten zu lesen? Dich auf sie einzulassen und dich von ihnen berühren zu lassen?

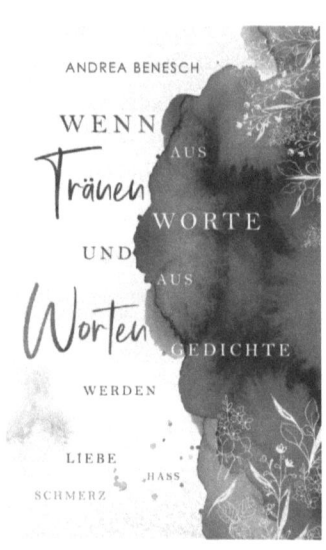

WENN AUS TRÄNEN WORTE UND AUS WORTEN GEDICHTE WERDEN
Andrea Benesch

Taschenbuch: 9783755749271, 218 Seiten, € 11,99
E-Book: 9783756236909, € 2,99
Hardcover: € 15,90 (nur auf www.andrea-benesch.de)

Erschienen im April 2022

Immer wieder erstaunt es mich, wie aus Gedanken Worte und aus Worten Gedichte werden. Wie ich meinen Schmerz in etwas Schönes verwandeln kann.

Worte können wundervoll sein, sie können heilen und sie haben die Kraft, meine Tränen einzufangen und auf Papier zu bannen, sie festzuhalten, mich von ihnen zu befreien.

Worte auf Papier sind mein Weg, alles zu verarbeiten, mit mir selbst ins Reine zu kommen. Ich sperre meine Dunkelheit in ihnen ein, damit sie nicht mein Leben dominiert.

Traust du dich, dich all dem zu stellen? Meine Worte zu lesen, meinen Schmerz zu teilen und sie zu einem Teil von dir werden zu lassen?

PIECES OF MY SOUL – Tränen auf Papier
Andrea Benesch

Taschenbuch: 9783756820122, 206 Seiten, € 12,99
E-Book: 9783754309636, € 2,99
Hardcover: € 16,90 (nur auf www.andrea-benesch.de)

Erschienen im November 2022

Wir Menschen sind zerbrechlicher, als wir es uns oft eingestehen wollen. Wir tun nach außen gern so, als wären wir es nicht, aber die Wahrheit sieht ganz anders aus. Worte prügeln auf unsere Seelen ein, bis sie zerbrechen, und den Rest unseres Lebens sind wir damit beschäftigt, die Teile wieder zusammenzusammeln, in der Hoffnung, sie wieder zusammenzusetzen, bevor sie das nächste Mal zerbricht.

Dieser Gedichtband enthält viele Splitter meiner Seele. Ich hoffe einfach, dass sie sicher sind zwischen den Buchdeckeln und anderen dabei helfen, auch ihre Seelen wieder zusammenzusetzen.

Bist du bereit, eine Reise durch die Bruchstücke meiner Seele anzutreten? Meine Worte in dein Herz zu lassen und dich vielleicht selbst in ihnen zu finden?

Danksagung

Danke, dass du meinen neunten Gedichtband gelesen und meinen Worten eine Chance gegeben hast. Das bedeutet mir so viel!

Ein großes Danke an meine lieben Bookstagrammer – meine Blogger und Leser und alle, die über meine Worte gestolpert sind und sie in ihr Herz gelassen haben. Ich bin Selfpublisherin und davon abhängig, dass mein Buch „gesehen" wird, was ohne euch nicht möglich ist. Ich bin so dankbar für euer Feedback und euer Engagement.

Liebe Sabine von *inspirited books,* ich danke dir für dieses unglaubliche Cover! Es ist so ganz anders als meine bisherigen, aber unheimlich schön, ich musste es einfach haben.

Mein größter Dank gilt aber Muse. Ich weiß, deiner Meinung nach schlafe ich zu viel und lasse mich zu oft von meinem Job ablenken, aber trotzdem bist du immer für mich da, wenn ich dringend alles aus mir herausschreiben muss. Also danke dafür, dass du mich jedes Mal wieder aus der Dunkelheit ziehst. Ich hab dich lieb, auch wenn ich regelmäßig über dich schimpfe und dir Fanta-Verbot erteile.

Über die Autorin

Ich habe Geschichte und Germanistik an der Heinrich-Heine-Universität in Düsseldorf studiert. Anschließend habe ich eine Promotion in Siegen begonnen, diese aber bis auf Weiteres zugunsten meiner Tätigkeit als freie Lektorin aufgegeben. Mehr dazu ist hier zu finden: www.lektorat-federundeselsohr.de

Neben dem Schreiben von Gedichtbänden und meiner Arbeit lese ich leidenschaftlich gerne und rezensiere Bücher auf meinem eigenen Blog *Feder und Eselsohr* (www.federundeselsohr.de). Ihr findet mich als *Dark Rose* in verschiedenen Schreibweisen in so ziemlich jeder Buchcommunity und unter dem Namen meines Blogs in den sozialen Medien:

Instagram (Feder und Eselsohr / Andrea Benesch)
YouTube (Feder und Eselsohr)

Außerdem habe ich eine eigene Autorenseite samt Onlineshop:

www.andrea-benesch.de